非遗体育健身法

郭玉成　主编

人民体育出版社

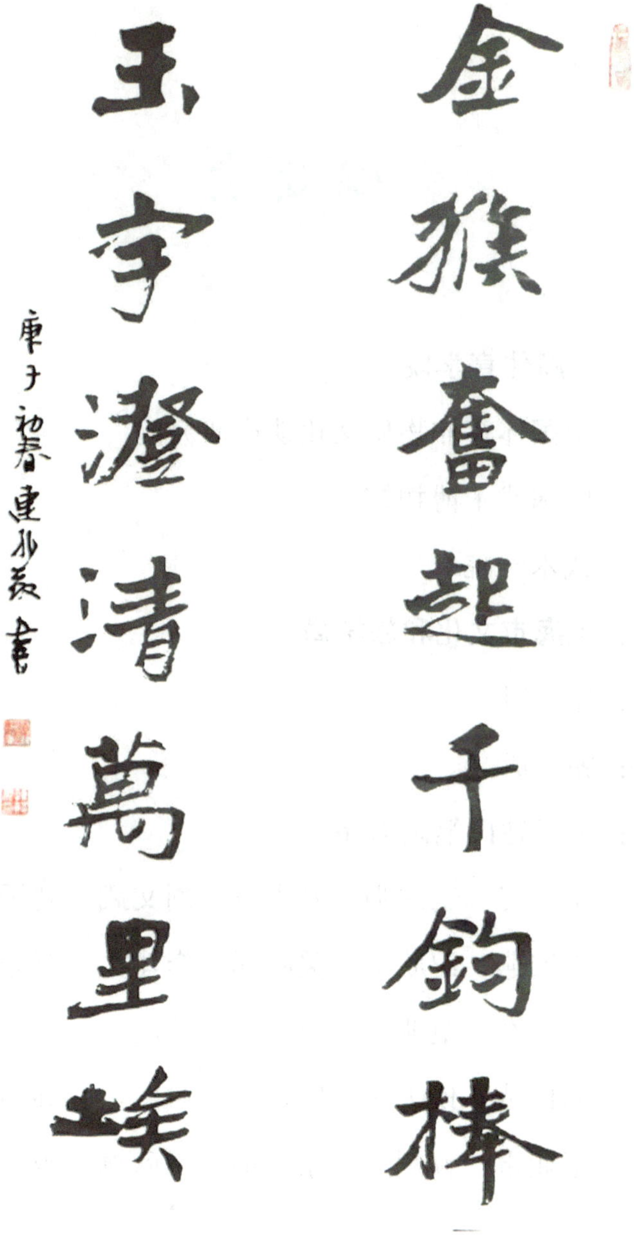

上海体育学院中国体育非物质文化遗产研究院名誉院长

连辑先生书法作品

编委会

序

非物质文化遗产是基于人类对文化遗产认知的不断深化而提出来的。该概念不仅丰富了文化遗产的内涵，扩充了世界遗产的体系，而且对人类遗产的保护与发展具有深远的影响。2001年，联合国教科文组织公布了第一批人类口头和非物质文化遗产代表作名录，中国的昆曲入选。2003年，联合国教科文组织通过了《保护非物质文化遗产公约》，使保护非物质文化遗产成为国际共识。

2005年，国务院办公厅印发了《关于加强我国非物质文化遗产保护工作的意见》，提出建立中国非物质文化遗产代表作国家名录，并于2006年公布了首批518项国家级非物质文化遗产项目名录，举办了第一个“文化遗产日”。同年，中国非物质文化遗产保护中心在中国艺术研究院挂牌成立。2008年，文化部设立了非物质文化遗产司，对全国非物质文化遗产工作进行统一管理。2011年，《中华人民共和国非物质文化遗产法》颁布，标志着我国非物质文化遗产工作进入法治化轨道。

根据《非物质文化遗产法》，我国非物质文化遗产包括传统口头文学以及作为其载体的语言，传统美术、书法、音乐、舞蹈、戏剧、曲艺和杂技，传统技艺、医药和历法，传统礼仪、节庆等民俗，传统体育和游艺等。“传统体育”成为法定非物质文化遗产组成部分。在国务院已公布的四批国家级非物质文化遗产代表性项目名录中，与“游艺与杂技”并为一类，共有82项，占项目总数的5.98%，其中大多为民族传统体育项目。

我国的民族传统体育项目内容非常丰富，包括抖空竹、花毽、太极拳、蒙古族博克、满族珍珠球、华佗五禽戏等，据《中华民族传统体育志》记载，有977项之多。武术在我国民族传统体育中风格独特、自成体系，20世纪80年代，国家体委曾组织武术挖掘整理工作，共查明129个拳种。民族传统体育项目均属于非物质文化遗产。正因为我国的民传统体育体系庞大、底蕴深厚、特色浓郁，所以成为我国高等教育武术与民族传统体育专业和民族传统体育学学科的基础和支撑。

上海体育学院作为中华人民共和国成立后最早创建的体育高等学府，其民族传统体育学科和专业建设具有深厚的历史积淀和辉煌的发展成就。1984年在全国率先获批武术专业硕士学位授予权，1996年获批武术理论与方法（民族传统体育学）博士学位授予权。多年来，上海体育学院主持编写了全国体育院校通用教材、专业教材，并作为教育部召集单位，研制专业规范，编写主干教材，服务人才培养和社会发展。2019年，获批国家级一流本科专业，成立了中国体育历史研究院、中国体育非物质文化遗产研究院。现为教育部全国学校体育联盟（中华武术）、中国体育科学学会武术与民族传统体育分会秘书处。

中华民族传统体育的重要特点是传承性与适应性。它承继了中华优秀传统文化的基因，并以身体运动的形式融入各族人民的生活之中，具有很强的文化与社会适应性。以武术为例，“拳打卧牛之地”就表明了其对场地有很强的适应性。又由于其内容丰富、形式多样，适合不同年龄、性别的人学习，儿童、青少年、中老年均可选择适合自己学练的武术动作。科学证明，民族传统体育不仅可以强身健体，还可以缓解和治疗许多慢性疾病，其研究成果已经被医学界认可并在国际上广泛传播。

在新冠肺炎流行期间，我校武术学院师生积极发挥专业特长，投身防疫、抗疫工作。从1月30日起，通过“武术学”“上体武术青年”公众号连续推出“防疫健身”太极拳、木兰拳、太极养生功等居家运动方法，获得了良好的社会反响，后被“学习强国”转载传播。

为了更好地服务社会大众居家健身，我们组织武术学院师生立足专业，以入选非物质文化遗产名录的传统武术拳种如八卦掌、形意拳、通背拳、八极拳、少林拳、鹰爪翻子拳等为主，融合体育科学健身原理，“研究、整理、编创”三结合，编写了一部“有特色、可健身、易学习，并适宜居家运动”的健身方法图书。

本书以文字描述、图片示范、视频演练的形式，提供了丰富多元的武术与民族传统体育健身方法，融“文化与健康”于一体，既可健身、修身、防疫，又可感受非物质文化遗产的魅力，希望能成为大众居家健身的必备工具书。

李 崟

上海体育学院党委书记

中国体育非物质文化遗产研究院院长

2020年2月16日

目 录

非遗体育健身法

（上）

范燕美 上海体育学院武术学院副教授、硕士研究生导师，运动健将、国际级裁判员，木兰拳国家规定套路示范者。

八式木兰拳
完整动作视频

01 八式木兰拳

一、健身特色

木兰拳是一种武舞相融、轻柔美健、易学易练的武术拳种。长期习练具有通畅气血、舒展筋骨、增强体质的功效，其健身特点主要体现为：

①刚柔相济，动静结合。过分强调动或过分主张静，均对人体健康不利，强度适度、动静相间的运动更有益于健康。

②动作舒展，连绵不断。这种运动方式有助于疏通阻塞或淤滞的经络，使气血循环恢复舒畅的正常状态。

③舒展大方，造型优美。通过锻炼，导引人体气血运行和呼吸变化，调节精神情志。

本套拳法共8个动作，既可单式练习，也可整套练习；练习次数为每日2～3次，早晚各1次；整套练习时间控制在2～3分钟，练习过程中注意动作节奏，尽量做到舒展大方，呼吸与动作相结合，以达最佳健身功效。

二、健身动作

1. 预备势

（1）健身原理

心静体松，深、缓、匀、长的腹式呼吸可使呼吸自然、心神宁静，在练拳过程中可起到陶冶情操、通畅气血的作用。

（2）动作说明

两脚跟并拢，脚尖外展成八字，两腿自然站立；两手放于大腿两侧；目视前方。（图1–1）

图1–1

2. 请拳起舞

（1）健身原理

舒松伸展双臂关节，有效拉伸肩背关节，增加肌肉弹性。练习过程中亦可通过下肢虚步重心的转移提升身体的平衡能力。

（2）动作说明

两脚不动，身体右转；两臂分别向下、向侧、向前、向后划弧至腹前，指尖相对，手心向上。

身体左转，左脚上步成虚步；同时，两臂向两侧拉开，然后向前、向上内

旋划弧，右手拳、左手掌于胸前相抱；目视前方。（图1–2）

左脚尖外展，重心前移，右腿蹬直；两手自胸前向上举起至额头上方；目随手视。（图1–3）

左腿收回，两手收至体侧，成预备势。

图1–2

图1–3

（3）练习要点

保持身体中正，注意呼吸节奏与动作配合，呼吸均匀。虚步重心落于后腿，高度先高后低，熟练后可逐渐降低重心，增强健身功效。动作节奏不宜过快。

3.彩袖翻飞

（1）健身原理

本式中平衡动作可以有效加强周身协调性与控制能力，提升身体各部位肌肉张力与关节柔韧性。配合腹式呼吸，能有效缓解身体疲劳。长期练习，上可伸展关节，下可控制平衡，对腰腿柔韧与核心力量的提升有较大帮助。

（2）动作说明

右脚向右横跨半步，两臂从身体左侧向右平抹至右侧，手心向下；目随手视。

左脚向右脚前侧迈步，脚尖点地；右手上托至与肩部水平，手心向内；左举至头顶，手心向上；目视右手。（图1-4）

左脚向左侧横跨半步，身体向左转，重心转移至左脚，右脚随转身向后上方提起成望月势平衡；两手臂从身体右侧向下、向左经身体左侧环绕一周后向身体前侧推出；目随手视。（图1-5）

两脚收回，两手环抱收于体侧，成预备势。

图1-4

图1-5

（3）练习要点

两臂平抹时要以腰为轴带动肩、肘、腕的摆动，动作注意上下相随，沉肩坠肘。上步点地与两手臂上托、上举需同时完成。平衡动作待支撑腿稳定后进行，平衡时间视个人情况而定。此式动作可以反方向练习，整套练习可正反方向各练1次。

4. 回首望月

（1）健身原理

歇步可有效增加腿部柔韧、肌张力与控制力，也能够拉伸足太阴脾经等经络。同时配合转身回头望月之式进一步拧腰旋臂，伸展肩背肌肉，加强腰髋关节的柔韧度与脊柱部位的功能性。

（2）动作说明

左脚向前迈步，右腿屈膝向左腿后侧靠拢下蹲成歇步；左手经身体左侧向上举至头顶上方，右手从身体右侧向左前方推出；目视左手。（图1–6）

重心上移，右脚向前迈步，左腿屈膝向右腿后侧靠拢下蹲成歇步，右手向下、向右、向后移至头顶上方，左手向下、向右收至胸前向前方推出；目视右手。（图1–7）

起身，两腿收回，两臂收回，成预备势。

图1–6

图1–7

（3）练习要点

手法变换、重心移动与歇步要协调一致，以腰为轴带动手的变换，整个动作要连贯完整。初学者及年长者注意歇步动作需缓慢完成，避免引发膝关节损伤，如不能完成歇步可站立完成此练习。注意呼吸与动作相互配合，以达最佳健身效果。

5. 拨云见日

（1）健身原理

本式动作中的弓步前蹬可增加腿部肌力及柔韧性，同时，两臂前伸与背部后拔所形成的对拉拔长之势，可拉伸肩背与两臂肌肉，通过重心转移进一步加强周身协调性与灵活性。

（2）动作说明

重心右移至右腿，左腿屈膝成提膝独立；同时两手上提至胸前后分别向两侧、向下划弧，再上托至胸前，掌心向上；目视前方。

左脚向前落步，后腿蹬直成高弓步；同时，右手向后划弧再回收至胸前，两手一起向前推出；目随右手移视。（图1–8、图1–9）

图1–8

图1–9

重心后坐，左腿伸直；两手收回至胸前。随即重心前移；两手再次向前推出；目随两手移视。

左腿收回，两臂收回，成预备势。

（3）动作要求

上步与两手划弧、提膝上下相随，协调一致，平衡稳固。平衡动作在支撑腿稳定后进行，平衡时间先短后长，熟悉动作后再逐渐加长，平衡过程中注意呼吸平稳，精神集中。

6. 推云播雨

（1）健身原理

本式中弓步俯身下探能够有效牵拉腿部韧带及肌肉，同时，下探可对背部及肩部肌群进行拉伸。独立动作在增强腿部肌肉力量及身体平衡能力的同时，对身体各部位肌肉张力与关节柔韧性的要求也颇高。整个动作气沉丹田，两手充分舒展。

（2）动作说明

左脚向左侧迈出一步；两手交叉至腹前，两手腕相交，手掌顺时针转动；目视手掌。

身体向左转，重心左移成左弓步，上体左转前倾；两手分开，左手收至右肩上方，右臂伸直向左腿方向移动；目视右手。

身体向右回转，重心右移，左手收至左髋关节处，右手在身前向右平抹；目随手视。

左脚上提成独立式，屈膝勾脚尖；两手收于胸前后向前后推出，右手前，左手后；目视右手。（图1–10）

左脚收回，两手回收，成预备势。

图1–10

（3）动作要点

手法变换、重心移动、身体前俯要协调一致，以腰为轴带动手的变换，整个动作要连贯完整。俯身动作机体放松，幅度尽量拉大。提膝平衡需支撑腿稳定后进行，提膝腿脚尖勾起，眼随手走，心随意动。此式可反方向练习，注意呼吸与动作相结合，以达最佳健身效果。

7. 龙飞凤舞

（1）健身原理

此式能够有效缓解颈椎部位疾病，牵拉背部肌群。挺身动作需配合呼吸进行，可有效提高肺活量。整个动作自左而右、自下而上，缓解身体疲劳，刺激机体新陈代谢。适合上班族及长时间使用电脑者。

（2）动作说明

右脚向右迈步，两腿微屈；两手自身体两侧向上托起；目视右手（图1–11）。

左脚向前迈半步屈膝，脚尖微外展；同时两臂从头部两侧向前、向下缓慢移动；目视前方。

右腿伸直，脚尖踮起蹬地，左腿伸直；两手尽力向后下方推出，两臂夹紧，头部微上仰。（图1–12）

两腿回收，两臂收回，成预备势。

图1–11

图1–12

（3）动作要求

挺身动作需配合呼吸进行，起为吸气，落为呼气，虚灵顶劲，两臂夹紧，挺胸抬头，上班族及经常久坐者可单独练习此式。

8.金蝉脱壳

（1）健身原理

踢腿动作是体现腿部柔韧性的代表动作之一，长期练习有伸筋功效，配合舒展的上肢动作能有效拉伸经络，通畅气血。

（2）动作说明

右脚向前迈出一小步；右手向下，左手向上缓慢交叉收至胸口位置；目视前方。左腿伸直向右上方踢出，脚尖勾起；两臂随踢腿上下分开，右手向上，左手向下；目视左手。

左脚踢腿过后向左前方落地，身体左转；两臂不动随身体左转；目随动作移视。

重心左移至左腿，右腿勾脚向左前方踢起；两臂随踢腿上下交换，两手掌心均向内；目视右手。（图1-13）

两腿回收，两臂回收，成预备势。

图1-13

（3）动作要求

重心前移与两手在胸前划立圆摆动要协调配合，左手穿掌与右脚勾踢要一致，手到、脚到、眼到。此式踢腿高度视个人情况而定，注意支撑腿稳定后方能踢腿，避免失去平衡导致摔伤。

9. 请拳谢礼

（1）健身原理

两手上托，两腿蹬直，挺胸抬头，这些动作能够有效牵拉腰部及背部肌肉群；虚步能够增强腿部肌肉力量及身体平衡能力。两手架空及在空中有规律地划动可增强手臂经络在不同状态下的刺激，这种舒缓的刺激能够有效促进气血流动，而腿部运动及虚步定势也能够有效促进腿部气血通畅。

（2）动作说明

左脚向左前方迈出半步，右脚紧跟着向左脚前方迈步，脚尖点地，左膝微屈；两手交叉至胸前向前方推出；目视前方。

右脚脚尖点地向右侧贴地划弧收至左脚后方后，重心移至右脚，左脚脚尖点地成高虚步；两臂在重心稳定后向两侧分开，掌心向外；目随动作移视。

左脚尖稍外展，后腿蹬直；两手从体侧向上托起；目视前方。

重心回坐成虚步；两臂回收后从两侧向前环抱于胸前成抱拳礼；目视前方。（图1–14）

图1–14

（3）动作要求

左右摆臂与请拳要连贯、圆活，上步与腰的转动协调配合，请拳与虚步同时完成。虚步动作重心在后腿，重心先高后低，熟练后可以适当降低重心。请拳为左掌右拳。

10. 收势

（1）健身原理

此式要求习练者在练拳结束后身体放松，呼吸舒缓，以意运气，稍作静止后结束本套拳法。

（2）动作说明

此式为本套拳法结束动作，两脚并立，两手回收，静止1～2秒后结束本套拳法。（图1-15）

图1-15

注

木兰武术，2006年被列入湖北省武汉市第一批市级非物质文化遗产名录。

谢业雷　上海体育学院武术学院副教授，国家级裁判员、国家级社会体育指导员，六届全国太极推手冠军，德国美因茨大学高级访问学者。

02 居家养生太极拳

一、健身特色

太极拳集哲理、医理、易理、武理等传统文化于一体，强调形神意气，注重内外兼修。实践证明，长期坚持习练太极拳有助于身心健康，其健身特色主要体现为：

①松静入手，动作舒缓，简单易学。
②连贯均匀，圆活自然，大气沉稳。
③导引吐纳，内外兼修，协调完整。
④阴阳开合，术中有道，天人合一。

二、健身动作

1. 太极桩

（1）健身原理

身型中正，有塑形作用，可预防脊柱侧弯、脊柱炎等疾病；马步半蹲，加强下肢肌肉力量，促进腿部血液回流。

（2）动作说明

两脚开立，稍宽于肩；两掌按于腹前，与肚脐同高；目视前方。（图2-1）

图2-1

（3）练习要点

初学者需反复调整身形，先知规矩，而后守规矩，再脱规矩。外形要做到似松非松，似紧非紧。初学以自然呼吸为主，随练功水平提高再过渡到腹式呼吸。

2. 左右抱球

（1）健身原理

屈膝半蹲，可加强下肢力量，改善两腿无力及膝关节功能退化；左右摆臂成抱球，通过转腰带动手臂运动，活动腰部肌肉，预防腰肌劳损。

（2）动作说明

两脚开立，屈膝下蹲，左转摆掌成左抱球式，两掌心斜相对；目视左前

方。右转摆掌成右抱球式；目视右前方。（图2-2～图2-7）

图2-2　左转45°

图2-3　右转45°

图2-4　左转90°

图2-5　右转90°

图2-6　左转135°

图2-7　右转135°

(3)练习要点

屈膝下蹲，脚趾抓地，膝关节固定不动；转体拧腰分别45°、90°、135°，体会以腰带手的感觉；抱球时两掌心相对，犹如抱一个大气球。本式一左一右为1遍，共做3遍。

3. 野马分鬃

(1)健身原理

左右转腰抱球，活动腰部肌肉，刺激人体带脉；开手分掌，保持左右手协调性；拇指、食指、中指依次领劲，通过刺激相关经络，起到理肺止咳平喘及缓解心痛胸闷等作用。

(2)动作说明

动作说明1：原地摆掌成抱球式，两掌上下前后斜分掌，左掌下按至左髋旁，掌心向下；右掌向右前捌分，掌心斜向上；目视右前方。（图2-8、图2-9）

图2-8

图2-9

动作说明2：动作要求同动作说明1，唯左右手不同。（图2-10、图2-11）

图2-10

图2-11

动作说明3：成右抱球，左转身上左步，分别虚步、马步、弓步分左掌，掌心斜向上；目视左前方。左抱球，右转身上右步，掌心斜向上，分右掌；目视右前方。（图2-12、图2-13）

图2-12

图2-13

动作说明4：成右抱球，上左步，分掌成弓步，为左野马分鬃；换右脚上步，成右野马分鬃。（图2-14、图2-15）

图2-8

图2-9

（3）练习要点

原地动作，左右手分按配合要协调一致，突出太极挒法，同时拇指、食指、中指依次领劲；上步分掌时，要有虚步、马步、弓步的过渡；弓步分掌到位时要前弓、后撑，劲微下沉，膝关节不可超过脚尖。本式一左一右为1遍，原地、左右、前方各做2～3遍。

4. 搂膝拗步

（1）健身原理

通过搂、摆、按、推的动作练习，可提高两臂协调性；通过手与脚及左右、前后换步练习，可提高上下肢协调性；通过身体重心移换，可加强下肢力量及人体稳定性。

（2）动作说明

动作说明1：两脚开立，与肩同宽，屈膝下蹲；右手下搂，左手前推；目视前方。（图2-16、图2-17）

动作说明2：动作细节同动作说明1，换左掌搂，右掌推（图2-18、图2-19）。

动作说明3：上肢动作与右搂膝拗步一致，配合上步，成左弓步。（图2-20、图2-21）

图2-16

图2-17

图2-18

图2-19

图2-20

图2-21

动作说明4：手法动作同上，步法依次向左、向前进行练习。（图2-22～图2-24）

图2-22

图2-23

图2-24

（3）练习要点

原地动作注意手与手的配合，摆、按、搂、推的动作轨迹要清晰；左右前后，步法轻灵，上下协调，定势沉稳，自然呼吸，快而不乱，慢而不散，用心体会动作内涵。本式一左一右为1遍，共做2～3遍。

5. 金鸡独立

（1）健身原理

单腿独立，收腹提气，提高下肢力量和平衡能力。象形取意，金鸡独立，提神聚气，精神内守。

（2）动作说明

右腿支撑，左膝提起，尽量上提；左手上提至左膝上，肘与膝有相合之意，头要上顶；目视远方。依照右独立做左独立。（图2-25、图2-26）

图2-25

图2-26

（3）动作要点

支撑腿微屈，尽量上提膝，贴近身体重心；定势动作，后顶穴上顶，收腹提气，意守丹田，目视远方。本式一左一右为1遍，共做3～5遍，熟练后改为独立桩练习，可站2～5分钟，练习水平提高后延长时间。

6. 左右分蹬

（1）健身原理

通过分脚和蹬脚的控腿练习，提高腿部力量、柔韧及控制力，可达到瘦腿塑形的效果。整体练习可促进血液循环，放松心情，舒缓情绪，缓解工作及生活压力。

（2）动作说明

动作说明1：两手合抱于胸前，左手在外；同时提左膝；目视前方。随即向左前方分脚，脚尖绷起，力达脚背；同时两掌划弧分开，左手与左脚方向一致；目视左前方。（图2-27、图2-28）

动作说明2：同动作说明1；换右手、右脚。（图2-29、图2-30）

动作说明3：左蹬脚，动作细节同左分脚，右蹬脚同右分脚。蹬脚时注意脚尖勾起，力点在脚跟。（图2-31、图2-32）

图2-27

图2-28

图2-29

图2-30

图2-31

图2-32

（3）练习要点

两手合抱于胸前，同时配合提膝，膝关节尽量上提，保持自身稳定；手脚同方向，分脚要绷脚尖，蹬腿要勾脚尖，支撑腿微弯曲，分蹬腿时，膝关节尽量伸直；定型时略停，配合呼吸的收腹提肛，约2～3秒。本式一左一右分蹬为1遍，共做2遍。分蹬脚高度因人而异，根据自己的能力可增加练习次数。

7. 如封似闭

（1）健身原理

通过掤、捋、挤、按动作练习，可达到手与手、手与脚的协调配合；通过屈膝后坐，收腹含胸，反复折叠吞吐，形成脊柱蠕动，加强腰背肌肉的力量及脊柱灵活性。

（2）动作说明

动作说明1：右抱球，向左上步，成左掤式；目视前方。（图2-33、图2-34）

图2-33

图2-34

动作说明2：重心前移，两臂前伸，随即马步下沉，两臂向下、向后划弧至右后方；目视右掌。（图2–35、图2–36）

图2–35

图2–36

动作说明3：左转身搭腕，弓步前挤；目视前方。后坐引化，两掌按于腹前。马步下沉，后腿蹬伸，向前推按，两掌心朝前；目视前方。（图2–37～图2–39）

图2–37

图2–38

图2–39

（3）动作要点

掤臂，前臂撑圆，手臂不要超过脚尖；捋式，两臂要经胸前、腹前、体侧走弧线。挤式，两臂撑圆，臂不过膝。按式，后坐引化，收腹敛臀，稳定重心，蓄劲于丹田。推按，劲由脚、膝、腿、腰、背、肩、臂、手依次传递发劲。本式一左一右为1遍，原地、左右、前方变换练习，做3～5遍。

8. 金刚捣捶

（1）健身原理

左右转腰旋臂开手，可刺激手臂上手三阴经、三阳经，畅通手臂肩颈气血；提膝单腿支撑可加强腰腹肌和下肢力量及平衡能力；反复握拳，可提高血液回流；两脚交换下震，可提高脚骨、腿骨密度及下肢缓震功能。

（2）动作说明

两脚开立，两掌合于腹前，左转腰，两臂内旋，前后开手。两臂外旋合腹前，右掌掌心向下，左掌掌心向上，右掌合于左肘内侧；同时，右脚稍外摆，左脚向前，成左虚步，目视前方。提膝握拳，握拳在面前，右拳心朝内，右掌掌心向上，摆至腹前；砸拳震脚至腹前，目视前方。（图2-40～图2-44）

图2-40

图2-41

图2-42

图2-43

图2-44

（3）动作要点

前后开手，膝关节保持不动；握拳用劲；提膝时要收腹敛臀吸气，稳定重心；震脚、砸拳要同时，震脚时全脚掌落地。本式一左一右为1遍，共做3～5遍。

戴有祥 上海体育学院武术学院副教授，硕士生导师。

03 居家杨式小架太极拳

一、健身特色

杨式小架太极拳，又名少侯小架人盘太极拳。其健身特色主要体现为：

①突出腹式、逆腹式呼吸方式的全程运用。改变呼吸方式，加强人体氧气吸入和废气排出，由此形成的新的自然呼吸可改善人体氧气供给，增加各器官的氧供给量。

②突出核心力量运用。腹式呼吸领引下的核心力量可以保持动作活力，引起腹压变化，按摩挤压人体脏器，提高脏器功能。同时，由呼吸引起的核心部位的张力变化可保养人体脊柱和使椎间盘归位。

③突出运动量大小的适用性。随着技术的娴熟，可依据重心高低、动作幅度、运动时长、力量大小变化展现不同的运动量，以达锻炼目的。

二、健身动作

1. 左揽雀尾

（1）健身原理

揽雀尾动作依次为掤、捋、按、挤。在逆腹式呼吸作用下，聚力于腹，随动作走向变化，使腹腔中脏器得到不同程度的挤压按摩，加强内脏功能，提高消化吸收，缓解便秘，此为养生；练习中可依重心高低、动作快慢、练习次数变化提高下肢力量，强健肢体，此为健身。

（2）动作说明

并步站立，开左脚，托掌按掌，下蹲插掌，旋臂开右脚，出左脚左托手，左弓步按掌，两手左带后随后坐下捋，转身弓步按掌，两手左带后随后坐向右捋，折叠斜下挤，收步收势。（图3-1 ~ 图3-6）

图3-1　站立

图3-2　旋臂

图3-3　左掤

图3-4　左捋

图3-5　左按

图3-6　左挤

（3）练习要点

重心先高后低，熟练后可适当降低重心，增强健身价值。练习中，切记加强逆腹式呼吸体验，提高对内脏器官的刺激。练习中的排气现象（打嗝、放屁、肠鸣）均是好现象，应坚持习练。动作快慢由个人呼吸能力而定，呼吸可慢可匀，动作随之。

2. 右揽雀尾

（1）健身原理

同左揽雀尾。

（2）动作说明

并步站立，开左脚，托掌按掌，下蹲插掌，旋臂开左脚，出右脚左托手，右弓步按掌，两手右带后随后坐下捋，转身弓步按掌，两手右带后随后坐向左捋，折叠斜下挤，收步收势。（图3-7～图3-12）

图3-7　并步站立

图3-8　旋臂

图3-9　右掤

图3-10　右捋

图3-11　右按

图3-12　右挤

（3）练习要点

练习揽雀尾动作时，可以单独反复练习一侧，单侧4次为1组。也可以左右练习1次，2次为1组。根据身体情况控制练习数量和时间，以达健身功效。

3. 云手一（抱转）

（1）健身原理

云手的健身原理在于练习时的人体专注部位。专注点在腰部脊柱，可以舒缓椎间盘问题带来的困扰，如腰部劳损、坐骨神经痛；专注点在肩部，随软组织绷紧、松弛，可预防肩周炎，助疗肩周痛疾患；专注力在双腿，可有效提高腿部力量。

（2）动作说明

并步站立，托掌按掌，下插掌后前抱手，右转云手，上下换手，左转云手，两手右云至中间后平举下按收势。（图3–13～3–18）

图3–13　并步站立

图3–14　抱手

图3–15　右云

图3–16　换手

图3–17　左云

图3–18　换手

（3）练习要点

练习时保持身体中正，以腰椎为中心，上顶下压。身体转动幅度根据身体情况而定，以获得运动机能的改善。根据练习需要，可将专注点集中于身体相应部位，完成该部位力量积聚，在呼吸的催化下，进一步加强力量，从而获得更佳的运动效果。

4. 云手二（抱转平推）

（1）健身原理

同上。

（2）动作说明

并步站立，托掌按掌，下插掌后前抱手，右转云手，右手转腕抬肘，右转平推；左转云手，左手转腕抬肘，左转平推；两手右云至中间后平举下按收势。（图3-19 ~ 图3-24）

图3-19　并步站立

图3-20　右云

图3-21　右转腕

图3-22 右转平推

图3-23 左转腕

图3-24 左转平推

（3）练习要点

云手一是基础动作，云手二是前者的深化。运动量以每次5分钟持续云手为1组，云手一和云手二可以混合练习。练习时重心高低根据身体情况而定，年纪越长，建议重心越高。

注

杨氏太极拳，2006年被列入第一批国家级非物质文化遗产代表性项目名录。

梁壁荧 上海体育学院武术学院本科生，国际级运动健将，中国武术王中王争霸赛女子“太极拳王”，世界武术锦标赛女子太极拳冠军。

04 养生太极桩

一、健身特色

太极拳是传统武术拳种之一，其桩法独具特色，健身特色体现在：

①修身养性，陶冶身心。站桩要求心无杂念、意守丹田，专注于站桩状态，有助于缓解压力、放松身心。

②舒筋活络，调节脏腑。站桩有助于调节脏腑功能，疏通经络，加速血液循环，增强个人体质。

③健体强身，锻筋易骨。长时间练习可使肌肉力量及耐力增加，同时筋骨也得到淬炼，柔韧性增强，使人体质发生改变，促进人体健康。

二、健身动作

1. 站桩

（1）健身原理

该动作着重于调整呼吸，平复身心，冶炼心性，可缓解心理压力，促进血液循环，更新血液含氧质量，排出体内废气。

（2）动作说明

双脚分开，间距与肩同宽，双脚脚尖朝前，圆裆开胯，重心放在腿上，双脚抓地保持平稳；双手抱圆；目视前方；保持腹式呼吸。（图4-1）

图4-1

（3）练习要点

双肩放松下沉，双肘下垂莫要架起，含胸拔背，放空身心。建议每次习练保持5分钟及以上，根据个人身体情况适当延长时间，以达更佳的健身效果。

2. 站桩深蹲练习

（1）健身原理

站桩深蹲要求呼吸与动作相协调，可达到强腰固肾的效果，同时下蹲动作对膝关节有益，如可预防或改善关节炎等疾病，还可增强腿部力量，加强下盘稳定性。

（2）动作说明

呼气缓缓下沉，腰部保持饱满，不要塌腰；双手随下蹲慢慢置于膝盖两侧。起来时保持身体姿势，吸气上升，不要左右晃动，目视前方，回到站桩姿势。（图4-2～图4-4）

图4-2

图4-3

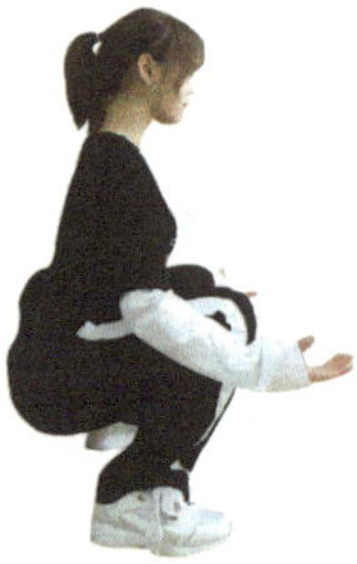
图4-4

（3）练习要点

练习过程中含胸拔背，保持呼吸节奏。注意整个过程保持膝盖外撑，与脚尖方向相同。建议5～8次为1组，每次练习2～5组，每天2～5次。

3. 八字活动桩练习

（1）健身原理

该动作着重于下盘练习，八字的左右交换可增强膝、髋关节稳定性及柔韧性，同时使腿部肌肉力量及耐力得到有效加强，疏通下肢经络，促进血液流动。

（2）动作说明

马步开正，开始前与站桩相同，身形中正，两胯呈八字行进；缓缓腹式呼吸；目视前方。（图4–5 ~ 图4–7）

图4–5

图4–6

图4–7

（3）练习要点

练习时注意保持重心稳定，不要上下浮动，初期重心可略高，随习练水平升高而逐渐降低。上身随动作左右平转，切勿塌腰翘臀，保持腰部实满，两肩在同一水平线上平移，膝盖切勿乱动。左右为一次，建议5 ~ 8次为1组，每次练习2 ~ 5组，每天2 ~ 5次。

朱宏燕 上海体育学院武术学院硕士研究生，世界太极拳锦标赛女子陈式太极拳冠军，多次蝉联全国武术套路锦标赛女子陈式太极拳冠军。

05 陈式太极拳健身八式

一、健身特色

陈式太极拳由河南省温县陈家沟人陈王廷所创，其特点为静时缠丝螺旋、动时蓄势发力。其健身特色主要体现为：

①陈式太极拳强调在意识主导下，通过旋腰拧脊带动四肢缠丝螺旋、内运外动。

②发力作为陈式太极拳的主要特点，可有效激活身体各部位功能，突出核心力量的运用，可以更好地增加肌力。

本节选取陈式太极拳中最具特色的8个发力动作来帮助大家防疫健身。同时因居家场地受限，特简化腿部动作，部分动作采用桩功代替，可单式练习，亦可整套串联练习。

二、健身动作

1. 搬拦捶

（1）健身原理

本式发力动作为横向左右发力，配合腰部拧转将双臂缠丝蓄劲发力击出。通过背靠及肘击击打对方胸部或下颚关节，强身健体的同时达到防身自卫的效果。

（2）动作说明

上体欲左先右，向右拧腰后左转，随转体两掌自胸前向右划弧，后变拳同时向左下外旋划弧摆至左胯旁，拳心斜相对，拳眼斜向前；目视两拳方向。（图5–1）

重心右移，同时快速拧腰带手经胸前以拳眼为力点向右斜上方横击抖发，右拳外旋，拳心朝上；左拳内旋，拳心朝下；目视右拳方向。（图5–2）

图5–1　左转握拳

图5–2　右转横击

身体重心左移后回右，上体拧腰，带动两拳经胸前向左、向下、向右划弧摆至右胯旁，右拳内旋，拳心向下；左拳外旋，拳心向上，拳眼斜向左；目视两拳方向。（图5–3）

身体重心左移，同时上体拧腰带手急促左转，带动两拳屈臂经胸前向左，以拳眼为力点横击抖发，右拳心向下，左拳心向上；目视两拳方向。（图5–4）

图5–3　划弧翻拳

图5–4　左转横击

（3）练习要点

本式发力动作左右各2次。

2. 掩手肱捶

（1）健身原理

本式发力动作为前后对拉发力，应用时拳肘同发、相互掩映，通过掩手蓄劲、脊柱拧转、蹬地发力、左肘后击使劲力顺达于右拳。健身与增肌的同时，还可以达到防守与进攻的效果。

（2）动作说明

双掌于腹前相合下落，两掌上下交叉相叠于小腹前，右掌压于左掌背上，掌心均向下；目视前方。（图5-5）

身体右转，重心稍左移；同时左右手外旋，分别向左右两侧弧形分开，与肩同高，掌心转向外；目视右手前方。（图5-6）

重心右移，上体微左转；同时两臂内旋，左臂屈肘内合，左手内旋握拳收于胸前，拳心向上；右掌内旋划弧置于右肩前，掌心向上，与肩平，拇指内扣，食指伸直，其余三指弯曲呈枪手；目视右手方向。（图5-7）

身体蓄力左转后再拧腰右转；同时右手快速回抽收于右肋侧；左拳随转体后拉蓄劲并经脊柱拧转带动后旋臂向前击出，拳同肩高，拳心向下；目视前方。（图5-8）

图5-5　双臂下按

图5-6　转体旋臂

图5-7　掩手蓄力

图5-8　拧腰冲拳

（3）练习要点

本式发力动作左右各2次，反方向同理。

3. 炮捶式

（1）健身原理

此发力动作为弹抖之力，练习时运动腰部抖劲同时含胸透肩将双拳击出，形成拔背与出拳的对拉之势，通过作用力与反作用力将出拳之力放到最大。

（2）动作说明

重心右移，身体欲左先右，带动两臂外旋划弧鞭打于胸前相合，掌心相对，掌间距一肘臂；目视左掌前方。（图5–9）

重心右移，身体下沉；同时两掌握拳经体前向右下捋合，拳心相对，拳眼斜向上；目视左下方。（图5–10）

重心左移，身体左靠，两拳自下向上划弧于胸前撑圆，右拳心朝里，左拳心与右拳面成一直线，随后拔背透肩，重心后坐，双拳向前发力崩出；目视两拳方向。（图5–11）

图5–9　左右相合

图5–10　右下捋合

图5–11　炮捶崩击

（3）练习要点

本式发力动作左右各2次，反方向同理。

4. 背折靠

（1）健身原理

本式发力动作为背靠之力。可通过背部转折发靠，亦可运用肩、肘、手的连环靠法，同时近身时也可应用臀靠与髋靠。背靠之力不仅可以增加躯干力量，防敌功效也甚为实用。

（2）动作说明

重心左移后回右；同时左掌随体转上抬于胸前逆向向外划弧置于左膝上方；右掌于腹前顺向经左肘下方划弧至左胸前；两掌间隔一肘臂；目视左掌前方。（图5–12）

重心右移，身体右转；同时左手握拳旋臂于胸前，拳心向里；右手变拳顺势弧形下落于右腰侧，拳心朝上；目视左拳上方。（图5–13）

重心左移，身体微右转；同时左臂外旋屈肘于胸前，拳心朝外；右拳在右腰侧做极小顺缠圈后以拳面紧贴于右腰部。随即身体左转发力，以近左肩的背部向左后靠击，同时左肘于同方向击出，拳至太阳穴旁；目视右肘方向。（图5–14）

图5–12　双臂平磨

图5–13　转身擒拿

图5–14　转身背靠

（3）练习要点

本式发力动作左右各2次，反方向同理。

5. 连珠炮

（1）健身原理

本式发力动作同为弹抖之力。近身时，可先采取背靠之势，不及肘击，最后手打，整个练习可健身防身。

（2）动作说明

重心左移，身体左转；同时两臂于胸前相叠随转体向左前方掤出，右手在里，掌心朝内，左手在外，掌心向外；目视两臂前方。（图5-15）

重心移至左腿并屈膝下蹲，右腿后撤一步，随之重心后坐，身体右转，带动右掌向下、向右划弧经胸前屈肘上提刁手于右耳侧，五指斜向下，小指、无名指、中指依次内收；左臂屈肘，左掌外旋向下、向右、向上划弧托于左肩前方，略低于肩，指尖向左；同时左腿屈膝，脚跟提起，脚尖点地；目视左掌方向。（图5-16）

图5-15　转身掤挤

图5-16　撤步刁托

重心下沉向前鼓荡时左脚跟点地，随即后坐，身体右转，左腿向左活步，两臂向前掤出后右臂随体转平展于身体右前方，手心斜相对；目视右掌方向。（图5–17）

身体微右转，重心缓缓左移；同时两掌内旋合劲于胸前，左掌与肩同高，掌心向外；右掌置于肋侧，掌心向左。随即右脚蹬地，以脚跟搓地跟进半步；身体同步急速左转后双臂迅速向前掤击，右手同胸高，指尖向上，掌心向前；左手同肩高，指尖斜向上，掌心斜向前；两手间距一肘臂；目视左掌方向。（图5–18）

图5–17　上步平展

图5–18　跟步前推

（3）练习要点

本式发力动作左右各2次，反方向同理。

6. 穿心肘

（1）健身原理

本式发力动作为肘击之力。通过顺肘与顶肘趁势近身发力，力点短寸、空透。练习时需配合后腿铲地跟步，增加发力力点与速度，可有效改善肩肘关节的功能。

（2）动作说明

重心全部移至右腿后身体左转，左腿收脚点地至右踝内侧；同时右掌于胸前随转体平切至左侧前方，掌心朝上；左掌顺势回旋握拳于腰间；目视右掌方向。（图5–19）

重心下沉，同时左脚向前迈出一步。随即身体右转，左肘从腰间外旋横肘于胸前击出，力达肘尖，拳心朝下；同时右掌与左肘合击，搭于左臂外侧；右脚蹬地，以脚跟搓地跟进半步；目视左肘方向。（图5–20）

重心继续下沉，左脚继续前迈一步；以左拳护胸同时左肘尖逆缠一小圈后向左侧上步顶肘；右掌搭于左拳面同方向发力；右脚拖步以脚跟搓地跟进半步；目视左肘方向。（图5–21）

图5–19　撤步平切

图5–20　上步拦肘

图5–21　上步顶肘

（3）练习要点

本式发力动作左右各1次，反方向同理。

7. 裹鞭炮

（1）健身原理

本式发力动作为身体裹发之力，练习时需周身协调一致，有较好的健身防身功效。

（2）动作说明

重心右移，上体微右转，随之左臂向下、向右内旋划弧至右胯前，拳心向左；右臂微屈，右拳落于左腰侧；目视前方。（图5-22）

右腿屈膝提起，重心全部移至左腿后蹬地转身，右脚落地后左脚随即向左侧迈步；右臂随转体向上、向右、向下环绕一周后至身体右斜前方；左臂自右臂抡臂半周后同方向弧形绕至右髋前交叉；右臂在外，左臂在内，拳心均向内；目视右下方。（图5-23）

重心稍左移成马步；两臂屈肘，随身体裹发后短促、迅速形成弧形鞭打，两拳以拳背为力点，向上、向左（右）分击，拳与肋高；目视前方。（图5-24）

图5-22　双臂叠合

图5-23　提膝抡臂

图5-24　左右鞭打

（3）练习要点

注意身体裹发与两臂分击协调同步，同方向重复练习4次。

8. 金刚捣碓

（1）健身原理

本式发力动作为震脚下沉之力。通过练习重心转换，掌握裆胯的运行轨迹，懂得裆走后弧的训练方法。同时亦可通过单腿独立练习来增加身体稳定性与核心控制力。

（2）动作说明

身体重心微左移后回右腿，左手上掤后向左、向下、向上外旋回撩至左腹前，掌心斜向上，指尖斜向下；右掌经左前臂内侧划弧向下、向前、向上外旋回收，掌心向下合于左前臂上；同时左脚向前上步，脚尖点地成虚步；目视前下方。（图5–25）

左脚迅速上提挑起，左腿屈膝松胯，向外划弧回收勾脚于裆前；同时左掌握拳收于胸前，拳心向内；右掌于左臂上方回收至腹前，掌心朝下；目视前方。（图5–26）

图5–25　虚步撩掌

图5–26　勾脚撩掌

重心下沉，左脚震脚落地，脚掌踏平，两脚距离与肩同宽；同时右掌随松腰下沉缓缓翻掌，掌心朝上；左拳顺势下沉发力，砸于右掌心上；目视前方。（图5-27）

图5-27　震脚砸拳

（3）练习要点

震脚砸拳两臂撑圆，腋下打开。本式发力动作左右各2次，反方向同理。

注

陈氏太极拳，2006年被列入第一批国家级非物质文化遗产代表性项目名录。

陈蓓 上海体育学院武术学院教师，国际级运动健将，第五届世界武术锦标赛剑术冠军。

06 健身八卦

一、健身特色

八卦掌是以掌法变换和行步走转为主的拳术。八卦掌以站桩、行步为入门基础，以绕圆走转为基本运动形式，以趟泥步、摆扣步为基本步法，以掌法变化为核心，其健身特色主要体现为：

①行步稳固，连绵不断。

②腰身柔韧，收放自如。

③掌法多变，手眼相随。

④含蓄有力，柔而有骨。

二、健身动作

1. 青龙探爪

（1）健身原理

青龙探爪动作要求塌腕挺指，可刺激上肢经络。趟泥步走圈要求足心含空，十指抓地，反复进行趟泥步走圈可提高下肢力量，拉伸后跟肌腱，达到疏通脚部和腿部经络、推动腿部气血运行的功效。

（2）动作说明

两脚并立，两手自然下垂；目视前方。（图6–1）

两膝略屈，两手手心向上于胸前交叉；目视前方。（图6–2）

图6–1　预备势

图6–2　青龙探爪左势一

身体微左转，两前臂内旋拧转下落，两掌外推，左掌高与眉齐，虎口圆撑，食指挺直，拇指、小指、无名指微向里扣，掌对圆圈中心；右掌落于左肘下方，虎口对左肘尖；同时左脚向前迈一步，膝微屈，脚尖向前或微外展，重心偏于右腿；目视左掌。（图6–3）

图6-3　青龙探爪左势二

右脚沿着圆形路线向前迈出向左走圈（左脚为里，右脚为外），外侧腿擦内侧腿、内侧脚踝而行，脚尖微扣，落地脚趾抓地，两脚交替前行；目视左掌。（图6-4）

走到左脚在前时（基本八步为一圈，多少亦可），右脚尖向左脚尖处内扣上步，两脚跟向外撑，身体向左转，两掌不动；目视左掌。（图6-5）

图6-4　青龙探爪左势三

图6-5　青龙探爪左势四

左脚外摆，换右掌对圆心，左掌置于右肘下方；目视右掌。（图6-6）

图6-6　青龙探爪右势一

后接青龙探爪右势3个动作（即图6-3、图6-4、图6-5反向），回到原地。两脚平开站立，两掌下按，并步收脚；目视前方。（图6-7、图6-8）

图6-7　收势一

图6-8　收势二

（3）练习要点

上体不可俯仰歪斜，胸部宽舒，肩肘舒垂，气向下沉。足落平稳，行步趟泥，两踝相擦。不快不慢，不高不低，圈数不限，由少及多。

2. 白蛇伏草

（1）健身原理

通过肩部伸展和盖掌前撑，改善肩关节功能，疏通上肢经络；马步下蹲可锻炼腰腹及下肢力量，强腰补肾，强筋健骨。

（2）动作说明

预备势同上。

两脚开立，屈膝下蹲，两手手心向上于胸前交叉，身体微左转，两前臂内旋拧转下落，两掌外推；左掌高与眉齐，右掌落于左肘下方；目视左掌。（图6-9）

图6-9　青龙探爪

左掌屈臂，随之身体右转，左掌自脑后经头顶向右侧盖掌，拇指朝下，掌心向前，右掌不变；目视左掌。（图6-10、图6-11）

左脚横开半步，两腿屈膝成马步，左掌屈臂下落与右掌交叉，随之向两膝外侧下按；目视左掌。（图6-12）

后三势同前三势，方向相反。收势同上。

图6-10 脑后摘盔一

图6-11 脑后摘盔二

图6-12 白蛇伏草

（3）练习要点

盖掌转腰协调一致。马步下按气沉丹田，马步高低因人而异。

3. 单换掌

（1）健身原理

单换掌动作通过腰部扭转带动肩胛，可按摩脾胃，刺激背部腧穴，调理心肺；两臂内旋外旋，掌法变化，可锻炼肩臂肌肉，刺激上肢经络。

（2）动作说明

预备势同上。两脚开立，屈膝下蹲，两手手心向上于胸前交叉，身体微左转，两前臂内旋拧转下落，两掌外推；左掌高与眉齐，右掌落于左肘下方；目视左掌。（图6-13）

图6-13 青龙探爪

上体右转，左臂屈肘外旋向右侧横劲掩肘，五指朝上，右掌不变；目视左臂方向。（图6–14）

上体左转，左掌由右向左横掌撑出，掌心向前，拇指向下，高与肩平；目视左掌。（图6–15）

身体继续左转，左掌不变，右掌外旋向左腋后穿掌，掌心向上；目视右掌。（图6–16）

上体右转，右掌随转体自左臂下向右侧上穿，掌心向上，高与头齐；左掌置于右肘下；目视右掌。（图6–17）

后接5个动作与前5势方向相反。最后一势同第一势。收势同上。

图6–14　闭门掩肘

图6–15　推窗望月

图6–16　叶底藏花

图6–17　青龙返首

（3）练习要点

以腰带肩，以肩带臂。两臂旋撑，拧裹钻翻。目随手走，紧密配合，协调一致，全神贯注。

注

八卦掌，2008年由河北省廊坊市申报，被列入第二批国家级非物质文化遗产代表性项目名录；2011年分别由北京市西城区、河北省固安县申报，被列入第三批国家级非物质文化遗产代表性项目名录。

韩丽云 上海体育学院武术学院教师，运动健将，擅长形意拳、刀加鞭、长拳、刀、枪、剑、棍等项目。

形意拳十二形之四形
完整动作视频

07 形意拳十二形之四形

一、健身特色

形意拳，又称行意拳，中国传统拳术之一。基本内容包括三体式桩功、五行拳与十二形拳。其健身特色主要体现为：

①形意拳要求“手与足合，肘与膝合，肩与胯合”，充分体现了其对人体协调性等身体素质的训练。

②十二形动作幅度大，可充分调动全身肌肉关节，增强肌肉弹性与伸展性，使骨关节活动幅度增大，增加柔韧性，增强骨代谢。

③十二形动作创编均对应人体内在经络，长期训练可激活、疏通经络，有利于气血运行，提高自身免疫力。

二、健身动作

1. 虎形

（1）健身原理

练习此动作时全身鼓起，自背而于达脑。久练可通督任、壮腰肾、调和心肾，使清气上升，身强体壮，精神振奋。

（2）动作说明

并步站立，右脚不动，左脚以脚跟为圆点向左扭转45°；同时，身体半面向左转，两臂仍垂在身体两侧；双眼仍注视原来方向。两腿慢慢向下弯曲，成半蹲姿势，重心偏于右腿，随即左脚前进一步，身体方向不变，两脚脚跟前后相对，相距约两脚长，两腿屈膝，重心偏于右腿（前脚三分力，后脚七分力）；两手掌平举于胸前，手指自然张开，掌心向外，稍内含。（图7-1）

图7-1

（3）练习要点

两肩向下松垂，肩窝处略向后缩，左臂（前手）肘部下垂，不可伸直，左手食指向上挑劲，拇指尽力向外撑开，虎口成半圆形，掌心内含，腕部要塌住。胸部略向内含，不要紧张用力，两肋肌肉舒展（束肋），心胸平静空虚，腹部自然充实（沉气），但不要故意鼓腹，背部肌肉尽力向两侧伸展（拔背），腰要塌住，臀部与后脚跟在同一垂直面上，不可向外突出。由于以下动作（除鸡形外）的基础都为三体式，身体细节注意事项与此相同，故下文不再赘述。

2. 鼍形

（1）健身原理

练习此动作时以腰为轴，带动四肢，能够锻炼腰肾，有疏肝、顺气、散心火之效，久练可使人体态轻盈，气血通畅，精神振奋。

（2）动作说明

并步站立，右脚不动，左脚以脚跟为圆点向左扭转45°；同时，身体半面向左转，两臂仍垂在身体两侧；双眼仍注视原来方向。两腿慢慢向下弯曲，身体成半蹲姿势，重心偏于右腿，随即左脚前进一步，身体方向不变，两脚脚跟前后相对，相距约两脚长，两腿屈膝，重心偏于右腿（前脚三分力后脚七分力）；左手在上，右手在下，两掌心相对，两手手指自然张开。（图7–2）

图7–2

（3）练习要点

同虎形。

3. 蛇形

（1）健身原理

练习此动作时气要吞吐抑扬，节节灵通，背活腰灵，久练内可使气通督任，运行周身，外可使人体柔韧，屈伸自如。

（2）动作说明

并步站立，右脚不动，左脚以脚跟为圆点向左扭转45°；同时，身体半面向左转，两臂仍垂在身体两侧；双眼仍注视原来方向。两腿慢慢向下弯曲，身体成半蹲姿势，重心偏于右腿，随即左脚前进一步，身体方向不变，两脚脚跟前后相对，相距约两脚长，两腿屈膝，重心偏于右腿（前脚三分力后脚七分力）；左手向前下方伸出，指尖45°向下，与左脚呼应；右手按于腹前。（图7–3）

图7–3

（3）练习要点

同虎形。

4. 鸡形

（1）健身原理

练习此动作能使人体足跟之力上升，头顶之气下沉，久练可助脾胃调和，五脏充盈，上可补脑髓不足，下可医腿脚之疼痛。

（2）动作说明

右脚屈膝撤于左脚内侧，左腿屈膝半蹲；左手腕稍下沉，五指略向上；右手置于腹前，五指伸直，与左手手型相同。（图7-4）

图7-4

（3）练习要点

同虎形。

注

形意拳，2008年由河北省深州市申报，被列入第二批国家级非物质文化遗产代表性项目名录；2011年由山西省太谷县申报，被列入第三批国家级非物质文化遗产代表性项目名录。

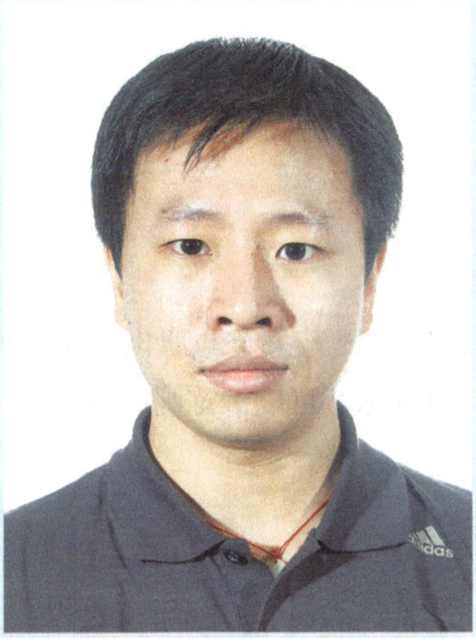

王继强 上海体育学院武术学院教师，运动健将，全国武术套路冠军，美国北德克萨斯州大学访问学者，上海校园大师剧《蔡龙云》武术指导。

通背拳五行掌
完整动作视频

08 通背拳五行掌

一、健身特色

通背拳，中国传统武术拳种，国家级非物质文化遗产代表性项目之一。其健身特色主要体现为：

①直出直入，活动上肢关节。通背拳劲力起于肩背，通于膀臂，达于指尖，对肱二头肌、胸大肌、背阔肌、斜方肌等有着良好的锻炼效果，提高关节灵活性和稳定性。

②含胸沉气，增强肺活量。通背拳以腹式呼吸为主，久练可增加呼吸深度，促进膈肌上下运动，对扩大肺活量具有重要作用。

③自然放松，调节各部肌肉。通背拳注重动作自然放松，有利于调节各部肌肉伸展收缩，促进各肌肉群协调能力。

二、健身动作

1. 摔掌

（1）健身原理

摔掌可以增强肩关节、腕关节活动幅度，提升关节与肌肉的主动收缩能力。提掌屈肘慢吸气，抖腕摔掌快呼气，通过练习可以锻炼呼吸功能。

（2）动作说明

并步侧立，上左脚成左虚步，左手提掌屈肘，右掌提至左肘下，体稍右转。左掌向前直臂抖腕摔击，右掌移至左肘内侧，单侧完成（图8-1～图8-3）。右虚步，右手提掌屈肘，左掌提至右肘下，右掌抖腕摔击，左掌移至右肘内侧。（图8-4、图8-5）

图8-1　并步侧立

图8-2　左提掌

图8-3　左摔掌

图8-4　右提掌

图8-5　右摔掌

（3）练习要点

摔掌须含胸探背，松肩合肘，顺臂松腕，力达掌背。练习时先慢后快，以慢3次、快3次为1组，变换左右虚步，根据身体状况可重复多组练习。

2. 拍掌

（1）健身原理

拍掌可以舒活肩关节、腕关节，松活肩背肌肉，加强背部、肩部灵活性。

（2）动作说明

并步侧立，上左脚成左虚步，两掌屈肘提至肋前，随即左臂内旋向前直臂拍击。接着左掌屈肘回收至肋前，右臂内旋向前直臂拍击。（图8-6 ~ 图8-10）

图8-6　并步侧立

图8-7　虚步提掌

图8-8　左拍掌

图8-9　虚步提掌

图8-10　右拍掌

（3）练习要点

拍掌须探背松肩，顺臂松腕，力达掌心。练习时先慢后快，以慢3次、快3次为1组，变换左右虚步，根据身体状况可重复多组练习。

3. 穿掌

（1）健身原理

穿掌可以增强腰脊灵活性，松活腰脊，以及增强腰脊力量与速度。

（2）动作说明

并步侧立，上左脚成左虚步，左掌直臂前举，右掌屈肘提至左胸前沿左臂经左掌心直臂穿出，左掌屈肘回抽至胸前。左虚步不变，右掌直臂前举，左掌屈肘提至右胸前沿右臂经右掌心直臂穿出，右掌屈肘回抽至胸前。（图8-11～图8-14）

图8-11　并步侧立

图8-12　举臂提掌

图8-13　右穿掌

图8-14　左穿掌

（3）练习要点

穿掌须探背松肩，扣肘直腕，挺指，力达指尖；两掌相交时，相互擦搓向前穿出。练习时先慢后快，以慢3次、快3次为1组，变化左右虚步，根据身体状况可重复多组练习。

4. 劈掌

（1）健身原理

劈掌可以提高肩、臂、腕的速度、力量与灵敏性，松活气息，促进呼吸自如、深长。

（2）动作说明

并步侧立，上左脚成左虚步，左掌头前上举，右掌移至右腿前。左脚踏实，右脚跟步站立；左臂直臂下劈，右掌迎击立掌附于左肩。然后上右脚成右虚步，右掌头前上举，左掌移至左腿前。右脚踏实，左脚跟步站立；右臂直臂下劈，左掌迎击立掌附于右肩。（图8-15 ~ 图8-19）

图8-15　并步站立

图8-16　左举掌

图8-17　左劈掌

（3）练习要点

掌上举时，气上提，向前下劈时，气下沉；以腰背发力，放长击远，力达掌背。练习时先慢后快，以慢3次、快3次为1组，根据身体状况可重复多组练习。

图8-18　右举掌

图8-19　右劈掌

5. 攒掌

（1）健身原理

攒掌可以锻炼下肢平衡能力，提高上肢与下肢的协调性。

（2）动作说明

并步站立，提左腿，托右掌，左掌提至肋前。左脚向前落步，体稍右转；左掌沿右臂经右掌心向前直臂钻出，迅速变攒拳；右臂内旋回抽至右肋前。提右腿，托左掌，右掌提至右肋前。右脚向前落步，体稍左转；右掌沿左臂经左掌心直臂钻出，迅速变攒拳；左臂内旋回抽至左肋前。（图8-20 ~ 图8-24）

图8-20　并步侧立

图8-21　提腿托掌

图8-22　左攒拳

图8-23　提腿托掌

图8-24　右攒拳

（3）练习要点

掌变攒拳向前直臂钻出时，要拧腰切胯，含胸拔背，顺肩直腕，上体前探。掌变攒拳向前直臂钻出与脚跟用力踏地要同时完成；钻出时，出手为掌，击到变拳；回抽时，拳变掌，肘不离肋，手不离心。练习时先慢后快，以慢3次、快3次为1组，根据身体状况可重复多组练习。

注

通背拳，2014年被列入第四批国家级非物质文化遗产代表性项目名录。

李建文 上海体育学院武术学院副教授，博士后，硕士研究生导师，运动健将。曾任俄罗斯国家散打队总教练，获俄罗斯国家最高体育勋章。

八极短打
完整动作视频

09 八极短打

一、健身特色

八极拳全名“开门八极拳”，其健身特色主要体现为：长期系统习练八极拳可增强体质，促进健康。八极拳发力要求起于脚跟，结合腰胯催动全身之力而发，有助于增强关节稳定性，锻炼四肢灵活性。八极拳还讲求以意领气、以气摧力，具有强脏腑、疏经络，提升人体器官系统功能性之功效。

二、健身动作

1. 起势

（1）健身原理

躯体自然放松，调整呼吸，使气息逐渐运行平稳，可达缓解心中压抑，养心调息的功效。

（2）动作说明

自然站立，两脚跟相并，脚尖微开，松肩坠肘；目视前方。两膝自然微蹲；两手向左方提起，两臂微屈，定位握拳，拳眼朝上，高不过肩；两眼目视左拳。（图9-1、图9-2）

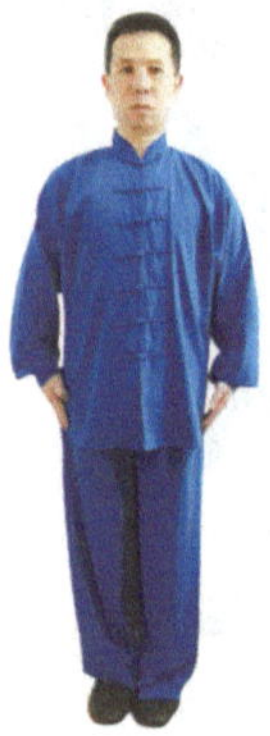

图9-1

图9-2

（3）练习要点

习练时注意双肩下沉，躯体放松，同时防止缩肩拱背。姿势要舒展，屈膝时膝盖不要超过脚尖，避免损伤膝盖。

2. 并步压掌

（1）健身原理

通过简单的肩部活动，使肩部得到舒展，肌肉得到放松。随习练水平提升，可增强肩部肌肉柔韧性，同时使肩关节更加稳固。

（2）动作说明

右手用力后甩，与肩同高；同时右脚后撤半步；回头目视右掌。右手上举于头部上方；同时头部转向左方；目视前方。右脚跟进成并步，两膝微屈；右手由上方向下压掌；左手护于右手上臂外侧；目视前方。（图9-3～图9-5）

图9-3

图9-4

图9-5

（3）练习要点

右手后甩与右脚后撤同时进行，避免肩部损伤，并步压掌右手要略屈，不要伸直，同时双脚十趾抓地保持稳定。

3. 马步横打

（1）健身原理

通过反复练习可使腿部肌肉力量及耐受力得到加强，膝关节经锻炼可愈发稳固，同时手法与步型配合会使身体协调性得到改善。

（2）动作说明

左脚上步，同时右转身站立；两手护于腹前。右手成拳发力，向右侧横向打击，拳眼朝上；屈膝下蹲成马步；目视右拳。（图9–6、图9–7）

图9–6

图9–7

（3）练习要点

马步初练可略高，可随习练水平提高自行降低高度，以获得更佳健身效果。

4. 右弓步横打顶肘

（1）健身原理

同马步横打。

（2）动作说明

由马步成左弓步，右拳平扫至左侧45°；目视右拳。左右拳胸前交叉，右手向左侧横击，再向右侧横向顶肘，两拳心朝下；下肢成右侧弓步；目视左拳前方。（图9-8～图9-10）

图9-8

图9-9

图9-10

（3）练习要点

弓步转换时注意髋部及腰部左右扭转，以防止身体不协调而受伤。

5. 麒麟步下栽拳

（1）健身原理

麒麟步下栽拳对踝、膝、髋等关节要求稍高，长期习练可使三个关节的功能得到加强，同时肌肉力量也会提升。

（2）动作说明

右手成掌后带，眼随手走，与肩同高。随即左转麒麟步下栽拳，右手拳面朝左下方；左手护于右手内侧方；目视前下方。（图9-11、图9-12）

图9-11

图9-12

（3）练习要点

注意手臂高度不要过肩，保持水平，麒麟步初练不要过快，以防止膝盖磕伤，速度随个人情况而定。

6. 马步双顶肘

（1）健身原理

同马步横打。

（2）动作说明

起身，双肘同时向左右双击，两拳面相对，拳心朝下，成马步。（图9-13）

图9-13

（3）练习要点

双肩下沉且后扩，肘、肩一条线，马步平稳，目视前方。

7. 右双摆掌

（1）健身原理：同并步压掌。

（2）动作说明

双手成掌由左向右同时摆动，眼随手走，双手摆至右侧，两指尖朝上，与肩相平，两腿直立成开步。（图9-14）

图9-14

（3）练习要点

眼随手走。

8. 收势

（1）健身原理：同起势。

（2）动作说明

左脚向右侧回收，与右脚相并，两膝自然微蹲；两手从下方向左侧提起，两臂微屈，定位握拳，拳眼朝上，高不过肩；两眼目视左拳。重心上移，松肩坠肘，双手下垂贴近大腿；两脚跟相并，脚尖微开；目视前方。（图9-15、图9-16）

图9-15

图9-16

（3）练习要点

双肩下沉，躯体放松，同时防止缩肩拱背，姿势舒展，屈膝时不要使膝盖超过脚尖，避免损伤膝盖。整套拳法是一套全身心运动的技术动作，习练时建议2次为1组，每天进行3～5组，可达放松身心、缓解疲劳、增强体质等良好效果。

注

八极拳（月山八极拳）和沧州武术（孟村八极拳），均于2008年被列入第二批国家级非物质文化遗产代表性项目名录。

非遗体育健身法

（中）

朱东 上海体育学院武术学院教授，博士，博士研究生导师，运动健将。中国体育科学学会武术与民族传统体育分会副秘书长，中华中医药学会运动医学学会常委。

10 鹰爪翻子松肩健肺功

一、健身特色

鹰爪翻子拳由民国时期著名国术大师陈子正先生创编，至今主要流传于西北、东北、陕西、甘肃一带。此拳术将翻子拳的“闪翻”、少林拳的快捷刚健和鹰爪功法的刁抓擒拿三者融为一体。其健身特色主要体现为：

①动作简洁明了、结构分明，易于各类人群学习且对身体条件没有过多要求，可根据自身身体状况调节动作速度和节奏快慢。

②鹰爪翻子拳练习讲究左右对称，能够在一定程度上促进或改善人体协调性，对身体重心稳定的要求也有利于平衡能力的改善。

③该拳中的劲力发放充分借助腰部扭转和上体翻动，使身体得到充分伸展，感受到胸腔的开阔、关节的舒展放松与肌肉韧带的拉伸。

二、健身动作

1. 叶里藏花

（1）健身原理

此动作提炼于鹰爪翻子拳基本动作，主要侧重于肩颈部练习。肩部绕环运动能够一定程度拉伸和舒展韧带和肌肉，头部的左右顾盼能够活动颈部肌群，对各人群尤其久坐人群的肩颈部位有一定舒缓放松作用。

（2）动作说明

双脚开步站立，右手臂由体侧抡臂经过体前至额头斜前方，同时身体微微转向左侧。右臂弯曲，手腕同时弯曲至腋下，身体微向前倾；左手叉腰，右手臂沿背部伸直反穿，右手顺时针旋转至拇指向上，同时身体转向右侧；目视右手掌前方。下肢随身体转动而自然变动。单侧动作完成。（图10-1～图10-4）

图10-1

图10-2

图10-3

图10-4

左侧动作与右侧相同，方向相反。左臂由体侧抡臂经过体前至额头斜前方，同时身体微微转向右侧。左臂弯曲，手腕同时弯曲至腋下，身体微向前倾；右手叉腰，左臂沿背部伸直后穿，同时身体转向左侧；目视手掌前方。下肢随身体转动而自然变动。（图10-5～图10-7）

图10-5

图10-6

图10-7

（3）练习要点

练习时双腿微曲保持重心稳定，手臂运动时充分伸展，拉长躯干，头与眼所望方向随手臂移动。手臂反穿过程中注意手臂伸直后再完成顺时针旋转。该动作左右各5次为1组，可根据个人身体情况决定练习组数与组间休息时间，建议每天进行3～4组练习。

2. 疾风暴雨

（1）健身原理

此动作为左右连续快速出掌，动作快捷势不可挡故名为疾风暴雨，主要是针对双臂协调性、速度耐力以及心肺耐力的练习。该动作练习时，手臂快速轮换出掌不仅能够活动肩关节，还能增强包括上臂肱二头肌、前臂各肌群在内的人体上肢力量与速度。

（2）动作说明

五指弯曲内扣，食指与中指弯曲高度略高于无名指与小指。（图10-8、图10-9）

图10-8 鹰爪手型侧面

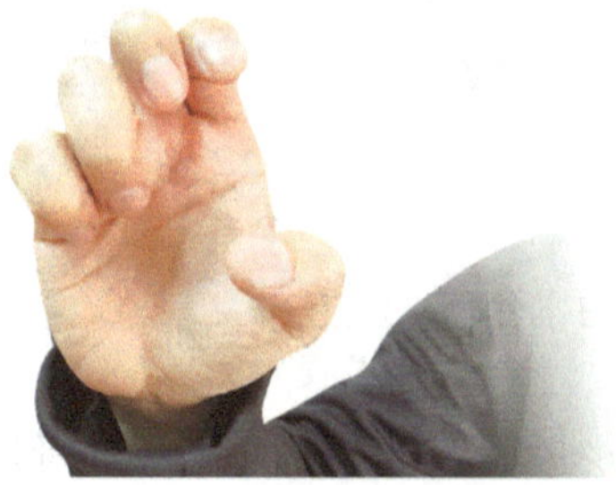

图10-9 鹰爪手型正面

开步站立，身体微转向左侧，双手呈鹰爪，左手伸直置于额头斜前方，右手置于腹前呈预备势。右手下按；左手呈弧形回收至躯干前。右手伸直向前方推出；左手回收至胸前。左手下按至腹前；右手呈弧形回收至躯干前。双手交替在躯干前呈椭圆路线依次推出，动作连贯进行。然后身体转向右侧进行右侧动作，右侧动作与左侧同理。（图10-10～图10-13）

图10-10

图10-11

图10-12

图10-13

（3）练习要点

练习该动作时应根据自身身体情况尽可能加快出爪速度，过程中注意腰及腿部保持重心稳定。随着技术水平的提高，可适当增加练习难度，该动作可以由双腿直立逐渐过渡到双腿屈膝半蹲。该动作左右各10次为1组，左右手交替练习。可根据个人身体情况确定练习组数与组间休息时间，建议每天进行3～4组练习，组间休息控制在20～40秒。

注

鹰爪翻子拳，2008年被列入第二批国家级非物质文化遗产代表性项目名录。

纪欣华 上海体育学院教师，运动健将，全国武术套路冠军，武术套路高级教练员，先后培养十余名全国、国际武术套路冠军。

11 套路基本功

一、健身特色

武术套路基本功是习练武术的基础和关键，其健身特色体现为：

①突出练习内容的丰富性。武术基本功包括肩功、腰功、腿功、手形、手法、步形、步法、跳跃、平衡、跌扑滚翻和组合动作等多项内容，可为习练者提供多项选择。

②突出训练效果的全面性。通过武术基本功练习，可以唤醒和提高习练者在身体协调、灵活、柔韧、力量、弹跳、平衡、反应、爆发力及心理素质等方面的综合能力和运动水平，促进身心机能全面提高。

③突出训练作用的奠基性。通过此阶段训练，可为进一步学习武术专项技术、提高武术专项技能水平奠定扎实的技能和身体基础。

二、健身动作

1. 抱拳摆头

（1）健身原理

抱拳摆头健身原理在于身体的松与紧。双手握拳、松开，有助于促进手部血液循环和静脉回流；左右摆头，有助于加强颈椎灵活性，促进颈部血液循环，缓解颈部肌肉紧张；睁目，有助于促进眼周围血液循环，消除眼疲劳，调节内眼晶状体功能；挺胸收腹，有助于收紧腹部肌肉，改善久坐驼背的缺陷，形成挺拔身姿。

（2）动作说明

两脚并拢，双手握拳抱于腰间，拳面与小腹在同一个平面，双肘后顶；向左（右）摆头时，目视左（右）前方。（图11-1）

图11-1　抱拳摆头

（3）练习要点

双脚并立，头顶气提，双拳握紧，挺胸收腹。睁目摆头时，头、眼、手同时进行，摆头速度，根据自身条件自由选择。练习前需做好颈部准备活动，运动量以每10秒为1组，根据身体状况可重复多组练习。

2. 乌龙盘打（简易版）

（1）健身原理

乌龙盘打健身功效在于身体的协调配合。通过腰部拧转回旋、上体左右侧屈、肩关节双向抡转，提高肩关节柔韧度，增强腰椎灵活性，发展全身协调性。

（2）动作说明

两脚并步站立，左脚向左迈步左转，右臂伸直向左摆，左臂屈肘于右臂前；目视左前方。紧接着上体右转；同时右臂向上、向右抡臂；左臂向左抡臂；目随右手环视。上体继续右转；右臂向下、向后抡臂；左臂向上、向前抡臂。下肢随身体转动而自然变动。（图11–2）

图11–2　乌龙盘打

（3）练习要点

以腰带手，腰先发力拧转，带动四肢运动，切忌只抡动上臂，腰部不动；上下抡臂时要立圆贴身，双臂转以立圆，形似双鞭，眼随手动，练习时由慢至快。运动量以每1分钟为1组，练习速度由慢至快，最大速度依照自身状况而定。

3. 原地步型转换（弓、马桩功）

（1）健身原理

弓、马桩功健身功效在于身体稳定性。站桩有助于提高下盘稳定性，增强下肢劲力与筋骨强度，提升气血流量，滋养相关内脏。通过弓步和马步两种基础步型的交替变换，加强腰与腿的力量配合，提高身体平衡能力。

（2）动作说明

并步直立，双手抱拳于腰间；左脚向左侧迈出并下蹲，成马步状态，脚尖朝前，双腿膝盖垂线不超过脚尖，挺胸抬头；目视前方。身体向右拧转，左腿向左蹬出，后腿蹬直，成右弓步。然后身体向左拧转，左腿由蹬直状态返回成马步。身体再向左拧转，右腿向右蹬出，后腿蹬直，成左弓步。（图11-3、图11-4）

图11-3　原地马步桩

图11-4　原地弓步桩

（3）练习要点

弓、马桩功对于下肢力量要求较高，习练者要根据身体状况适当调整，选择可接受的步型高度和支撑时间。初学者可从高架每次1分钟为1组开始，随锻炼功力的提高，架势由高至水平，时间由短至长。习练后，需做伸拉活动，消除腿部疲劳，促进肌肉恢复。

4. 燕式平衡

（1）健身原理

燕式平衡健身功效在于身体平衡性。通过练习不仅可以加强锻炼者的背、臂、腿部的绝对力量，提高全身协调、平衡、静控等身体能力，还可以促进习练者专注力的提升。

（2）动作说明

单腿站立，两臂侧上举，上体挺胸抬头，同时另一腿向后上方举起。（图11-5）

图11-5 燕式平衡

（3）练习要点

练习时挺胸抬头，目视前方，腿向后上方举起并静止。静止时，动作要舒展，髋要正，后脚高于头。运动量以每1分钟为1组，变换左右支撑腿，根据身体状况可重复多组练习。

蔡纲 上海体育学院武术学院副教授、硕士研究生导师，中国武术七段，武术套路国际级裁判员。

12 八式华拳

一、健身特色

华拳，起源于山东济宁，是武术长拳类拳术。其健身特色主要体现为：

①有助于肢体力量的增长。华拳讲究形体规范，通过练习可以利关节、强筋骨、壮体魄。

②有助于免疫机能的提高。通过华拳的系统练习，能够理脏腑、通经脉、振精神。

③有助于神经系统的改善。华拳练习要求动若脱兔、静若处子，同时动中寓静、静中有动，长期锻炼有助于改善神经系统的协调性及灵活性。

④有助于呼吸系统的增强。华拳注重动作与呼吸相配合，长期练习有利于调节呼吸，有效提高肺活量，使心、肺等器官的功能得到改善。

二、健身动作

1. 二龙吐须撞双拳，马上挽弓射月支（双冲拳马步架打）

（1）健身原理

双冲拳马步架打的练习以锻炼下肢为主。该动作步型主要是弓步与马步，因此系统练习可对下肢力量及耐力的增长有很大帮助。同时可提高下盘稳定性，使髋关节、膝关节及踝关节得到锻炼。

（2）动作说明

并步站立，开左脚，成左弓步双冲拳。收左脚开右脚，成右弓步双冲拳。右手下落同时左转身成左弓步右挑拳，左拳屈肘收附于右肩前。收右脚成马步，右肘后撑，右拳拳心向上，左拳冲出，微高过肩。（图12-1～图12-4）

图12-1

图12-2

图12-3

图12-4

（3）练习要点

初练时弓、马步可微高，随习练水平提升适当降低。习练时，注意弓步后腿蹬直，两肩下沉，两拳握紧，冲拳有力，呼吸与动作要协调，发力时呼气，蓄力时吸气，习练速度依个人状况而定。可适当增加运动强度，以达到更好的健身效果。

2. 浪子蹴球朝前踢，单掌推碑力无穷（挽臂弹踢弓步推掌）

（1）健身原理

同上。

（2）动作说明

立正姿势，向左转体，上左脚成弓步，双手前后冲拳。右拳变掌，须从后向上、向前直臂回绕，左拳变掌，右掌掌心击拍左掌。右手向后直臂回绕，双手成拳，右腿向前弹踢，支撑腿须由屈到伸。右腿后落成左弓步，右掌自腰间迅速推出，左手抱拳收于腰间。（图12-5～图12-8）

图12-5

图12-6

图12-7

图12-8

（3）练习要点

冲拳时注意左、右拳均稍高于肩，弹踢时右腿提膝弹腿，力达脚面，左腿微曲，五指抓地，保持稳定，推掌要有力，做到力达掌根。

3. 魁星举笔点状元，共工倒身把山撞（上冲拳下倒撑掌）

（1）健身原理

上冲拳下倒撑掌动作中包含起落之间的转换，在此过程中要始终保持身体中正挺拔，通过系统练习可使腰腹肌肉得到加强，对驼背、腰间盘突出有良好的改善作用。

（2）动作说明

立正姿势，两手成拳在身前自两侧向下交叉摆动，两臂环绕后，左拳上摆，右拳下摆，提右膝；目视右下。右腿下落，踏步后下蹲；右拳上挑于右肩前，拳心向后；左拳变掌下落护于右前臂外侧，掌心向外。右腿直立，提左膝；向上冲右拳，提肩上拔；左掌护于右胸前；目视左侧。左脚向左落地成左弓步；倒身侧屈向左撑双掌，右手在上，左手在下。（图12-9 ~ 图12-13）

图12-9

图12-10

图12-11

图12-12

图12-13

（3）练习要点

练习过程中，要防止缩胸拱背，始终保持挺胸、拔背、直腰。同时注意保持重心稳定，迅速完成动作之间的转换，倒身侧屈必须是向身体的侧面弯腰屈体，不可做成上身前屈。

4. 三环套月翻身起，关公挑袍桥头站（抡臂穿拳挑拳上举）

（1）健身原理

该组动作中含有较多抡臂动作，通过练习会使肩关节柔韧性得到较大改善，增加肩关节活动范围，同时该动作伴有较多转身配合，长久习练可使自身协调性得到提升。

（2）动作说明

立正姿势，左腿后插于右腿后侧，向右冲右拳，左掌置于胸口。左拳自下而上、右拳自上而下抡臂劈拳，同时左转身。右脚尖点地并于左脚，同时左拳按压、右拳挽臂。上右腿成弓步，右拳前穿。双臂自下而上抡臂上举，同时向后转身提左膝。向前落左脚冲左拳，右拳收于腰间。（图12-14～图12-19）

图12-14

图12-15

图12-16

图12-17

图12-18

图12-19

（3）练习要点

习练时要注意抡臂方向，不可偏斜，抡臂与身体的转动要协调，保持练习过程中的稳定性。冲拳、劈拳要力达拳面，可根据习练水平适当增加练习强度，达到良好的健身效果。

5. 野马回乡趱蹄行，黑虎掏心拗步拳（拐腿横踢弓步冲拳）

（1）健身原理

该动作相较于其他动作有一个单腿站立横踢的动作，此动作对核心控制的要求较强，同时习练此组动作需要更高的专注度，对四肢肌肉的控制要协调，因此会使新陈代谢加快，可以达到更好的健身效果。

（2）动作说明

并步站立，开左脚同时右手成拳随身体左转屈肘平摆向左横击，左手护右拳。左臂向左上方伸直，右拳变掌向右下落，起右腿，快速击打右掌。身体左转，右脚下落并于左脚，左掌竖于右胸，右臂向右伸直，右手成勾手状。开左步穿左掌，重心前移转换成左弓步，自腰间冲出右拳，左手收于腰间。（图12–20 ~ 图12–23）

图12–20

图12–21

图12-22

图12-23

（3）练习要点

练习时注意右拳横击须随身体左转同时做出，拐腿横踢，必须有力踢击。穿掌、勾手要快速完成。冲拳快速有力，右腿绷直，弓步平稳。各式动作衔接顺畅、转换迅速。

6. 挑掌下插海底针，纤夫背纤反臂别（挑掌下插反臂别掌）

（1）健身原理

此动作倾向于步法与手法之间的配合，通过练习可增加练习者的协调性，利关节、强筋骨。同时动作与呼吸的协调可提高身体各个系统的功能，改善习练者运动能力，对改善体质和放松身心都有重要作用。

（2）动作说明

并步站立，向左转身上右脚成右弓步，同时右手自腰间斜砍而出，左手成拳收在腰间。右掌收于腰间，再向斜下方插出。向左转腰成左弓步，同时右臂反臂别掌。右脚向左脚并步，左拳变掌平伸。右掌由左掌掌心穿出，随即身体

左转，左脚上前成弓步，右掌变勾向后伸，勾尖向上，左掌向下、向前平撩。（图12-24～图12-28）

图12-24

图12-25

图12-26

图12-27

图12-28

（3）练习要点

练习时注意眼睛随着手的变化而改变，双肩下沉，挺胸收腹，始终保持动作与呼吸协调，保证较高专注度，有利于动作更有质量的完成，以达到更好的健身效果。

7. 拗步鸾肘撞心窝，游鱼甩尾柔中刚（弓步顶肘歇步鞭拳）

（1）健身原理

同上。

（2）动作说明

并步站立，向左转身上左脚成左弓步；同时向前顶右肘；左手成拳护于头上方。右脚并于左脚；右手向斜上方盖拳；左手下落护于右肘内侧。左脚后撤下蹲成歇步；同时右手甩臂抖腕鞭拳；左手成拳摆向左上方。向前上左脚成弓步，推右掌，左臂护于左膝侧。（图12-29 ~ 图12-32）

图12-29

图12-30

图12-31

图12-32

（3）练习要点

顶肘时，肘、肩、臂均须端平。并步、盖拳要动作一致。甩臂抖腕鞭拳要和歇步同一时间完成，甩臂注意手臂竖直，不要倾斜。弓步推掌，左肘要注意向左外撑圆。

8. 七星交错遮上下，仙人扇扇风贯耳（马步遮拦弓步扇掌）

（1）健身原理

该动作呼吸方式为腹式呼吸，采用腹式呼吸可增加下盘稳定性，扩大肺活量，改善心肺功能，对慢性呼吸系统疾病有良好改善作用。

（2）动作说明

并步站立，左脚向左跨步成马步；两臂外旋使掌心朝上，两掌分别由两侧举起。两掌变拳从上向里回环，错臂交叉向下遮拦。两拳变掌屈肘向上架起，高过头顶，扇掌贯击。身体右转变右弓步；同时右肘腕关节横甩；左手成勾手置于身后。（图12–33 ~ 图12–36）

图12–33

图12–34

图12-35

图12-36

（3）练习要点

重心可先高后低，随习练水平的增长自行调节，以获取更好的健身效果。练习时注意发力与腹式呼吸相配合，动静转换迅速，瞬间反应的练习既可锻炼神经系统的灵活性，又能提升自己的应变能力。

注

中国华拳，2010年被列入山东省济宁市第二批市级非物质文化遗产名录。

魏巍 上海体育学院武术学院副教授，博士，硕士研究生导师。曾任阿斯塔纳世博会中国馆日文艺演出武术节目编导、CCTV10《探秘武术极限》科学顾问兼动作导演。

五式简化查拳
完整动作视频

13 五式简化查拳

一、健身特色

查拳是长拳五大流派之一，被列入第二批国家级非物质文化遗产名录，盛行于山东、河北、河南、北京、山西后遍及海内外，尤以在回族中流传更为广泛。其风格特点是：舒展挺拔、发力迅猛、动静有致、节奏鲜明、灵活多变、结构严谨、功架整齐。五式简化查拳包含拳、掌、勾三种手型，弓、马、仆、虚、歇五种步型，弹腿及提膝平衡动作，力求简便易学，左右对称，可单式重复练习，也可五式连贯练习，其健身特色主要表现为：

①全面发展力量、速度、灵敏、柔韧等身体素质。

②舒展挺拔的动作特点有利于身体塑形，改善身体形态。

③手眼身步的协同配合及灵活多变的动作风格有利于提高平衡稳定性，改善神经与肌肉的协调性。

二、健身动作

1. 起势：并步抱拳

（1）动作说明

立正姿势。（图13–1）

由立正姿势开始，下垂于体侧的双手迅速上提，由掌变拳，拳心朝上，抱于腰间，拳面与小腹在同一个平面，双肘后顶；挺胸收腹；同时向左摆头，目视左前方。（图13–2）

图13–1

图13–2

2. 左右搂手弓步冲拳

（1）健身原理

搂手动作可锻炼肩关节灵活性及伸展性，马步变弓步可锻炼髋关节灵活性及核心区与下肢肌肉力量，弓步可锻炼下肢肌肉力量及柔韧性，收拳与冲拳动作可锻炼肱二头肌、肱三头肌等手臂肌肉力量。

（2）动作说明

并步抱拳：双脚并步，两手握拳抱于腰间。（图13-3）

马步搂手：左脚向左横跨一步成马步；同时左拳变掌向左搂出，掌指朝上，虎口撑开，手臂与肩平；目视左方。（图13-4）

弓步冲拳：左掌变拳收于腰间，拳心朝上；右拳内旋冲至与肩平，拳心向下；同时由马步向左拧腰转髋成左弓步；目视前方。（图13-5）

右侧动作方向相反、动作要求相同。

图13-3

图13-4

图13-5

（3）练习要点

马步与弓步动作初练时可微高，随练习水平的提高适当降低，马步搂手时要眼随手动，弓步冲拳时蹬地、拧腰、转髋要快速有力，冲拳要力达拳面。建议左右重复练习6～10次为1组，连贯速度与组间间歇依个人状况而定。

3. 左右马步架打

（1）健身原理

抡臂与架掌动作可锻炼肩关节灵活性、伸展性及三角肌、斜方肌上束等肌肉力量，收拳与冲拳动作可锻炼肱二头肌、肱三头肌等手臂肌肉力量，马步动作可锻炼下肢肌肉力量。

（2）动作说明

开步侧平举：开步站立，两手侧平举。（图13-6）

转身收拳抡臂：身体左转；左手由掌变拳收于腰间，拳心朝上；同时右手由后向前、由下向上抡臂。（图13-7）

马步架打：两腿下蹲成马步；右掌翻腕、屈臂上架；左拳冲至与肩平；目视左方。（图13-8）

右侧动作方向相反、动作要求相同。

图13-6

图13-7

图13-8

（3）练习要点

转身收拳抡臂时要身随肩转、眼随手动，马步架打时手眼身步协同一致、快速有力。建议左右重复练习6～10次为1组，连贯速度与组间间歇依个人状况而定。

4.左右提膝仆步穿掌

（1）健身原理

盖掌动作可锻炼肩关节的灵活性，穿掌动作可锻炼肱三头肌等手臂肌肉力量，提膝动作可锻炼下肢的平衡与稳定性以及髂腰肌等肌肉力量，仆步动作可锻炼下肢肌肉力量及柔韧性。

（2）动作说明

开步侧平举：开步站立，两手侧平举。（图13-9）

转身盖掌：身体左转；左掌收于腰间；右掌从上向下横盖。（图13-10）

提膝穿掌：身体右转；左掌由右掌背上穿出，掌心向上；右掌收至左腋下；同时左腿直立，右腿提膝；目视左掌。（图13-11）

仆步穿掌：右脚向右落步成仆步，右掌向右下方穿出；目视右掌。（图13-12）

右侧动作方向相反、动作要求相同。

图13-9

图13-10

图13-11

图13-12

（3）练习要点

盖掌时肘关节微屈、横盖于胸前，穿掌时力达指尖，动作快速有力，提膝腿脚尖绷直、力达脚尖，支撑腿微屈、五指抓地、平衡稳定，仆步动作初练时可略高，随练习水平提高逐渐降低。建议左右重复练习6～10次为1组，连贯速度与组间间歇依个人状况而定。

5. 左右弹腿虚步推掌

（1）健身原理

推掌动作可锻炼肱三头肌等手臂肌肉力量，弹腿动作可锻炼下肢平衡与稳定性，以及髂腰肌、股直肌等肌肉力量，虚步动作可锻炼下肢肌肉力量及稳定性。

（2）动作说明

开步侧平举：开步站立，两手侧平举。（图13-13）

转身撩掌：身体左转；左掌收于腰间；右掌由后向前、由下向上撩掌至与肩平。（图13-14）

图13-13

图13-14

弹腿推掌：左腿站立，膝关节微屈；右腿向前弹出，脚面绷平；同时左掌向前推至与肩平；右掌收于腰间，指尖向下。（图13-15）

高弓步推掌：右脚向后落步成高弓步；同时右掌推至与肩平；左掌收于腰间。（图13-16）

虚步推掌：重心后移至右腿成虚步；同时左掌推至与肩平。（图13-17）

右侧动作方向相反、动作要求相同。

图13-15

图13-16

图13-17

（3）练习要点

转身撩掌时手眼身步协调一致，弹腿推掌时要手到腿到，推掌要力达掌根，弹腿要力达脚尖，虚步要前腿虚占三分、后腿实占七分。建议左右重复练习6～10次为1组，连贯速度与组间间歇依个人状况而定。

6. 左右歇步亮掌勾手

（1）健身原理

两臂交叉摆臂划圆动作可锻炼两臂的灵活性与协同性，撤步展肩动作可锻炼肩关节伸展性，亮掌与勾手动作可锻炼腕关节肌肉力量与灵活性，歇步动作可锻炼下肢臀部肌群与踝关节的柔韧性及稳定性。

（2）动作说明

开步侧平举：开步站立，两手侧平举。（图13–18）

摆臂穿掌：两手翻腕，手心向上，右臂伸直由右向左平摆划圆，左臂弯曲由左向右平穿至右臂肘关节处，双手交叉继续划圆。（图13–19）

图13–18

图13–19

撤步展肩：两手划圆于体侧，右臂上举，右掌略高于头顶；左臂后摆，左掌置于髋臀部后方；身体左转45°，同时右腿叉步于左腿后侧，呈伸展斜拉姿势；目视右掌。（图13–20）

歇步亮掌勾手：右臂上举抖腕亮掌；左臂后举扣腕勾手；同时两腿屈膝下蹲成歇步；摆头，目视左方。（图13–21）

右侧动作方向相反、动作要求相同。

图13–20

图13–21

（3）练习要点

摆臂穿掌时两臂协调对称，撤步展肩时动作舒展大方，歇步亮掌勾手动作要协同一致，抖腕亮掌、扣腕勾手、摆头定势要同时完成，歇步动作两膝交叉下蹲时注意膝关节不要着地。建议左右重复练习6～10次为1组，连贯速度与组间间歇依个人状况而定。

7. 收势

（1）动作说明

收势：并步抱拳，拳心朝上，抱于腰间，拳面与小腹在同一个平面，双肘后顶，挺胸收腹；目视前方。双拳变掌自然下垂于体侧，还原成立正姿势。

（图13-22、图13-23）

图13-22

图13-23

8. 五式简化查拳连贯练习顺序

起势→左右搂手弓步冲拳→左右马步架打→左右提膝仆步穿掌→左右弹腿虚步推掌→左右歇步亮掌勾手→收势。

注

查拳，2008年被列入第二批国家级非物质文化遗产代表性项目名录。

陈新富 上海体育学院武术学院教师、硕士研究生导师，运动健将，曾任上海体育学院武术套路队主教练，现任空手道队主教练。

14 南拳健身操

一、健身特色

南拳就是南方传统拳术的总称，主要分布在我国的广东、福建、广西、湖南、江西和浙江地区。其特点是：稳马硬桥、手法多变、力发于腰、脱肩团胛、直项圆胸、“五合、三催”、气沉丹田、发声呼喝。南拳具有短小精悍、快速有力、起伏转折、内展腾挪、左顾右盼的技术特点，演练时要求步到手到、手到眼到、眼到神到、神到气到，内外合一、形神兼备、协调完整。其基本手型包括平拳、柳叶掌、虎爪、鹰爪、鹤嘴手等；基本步型包括马步、弓步、虚步、骑龙步、跪步、独立步等。

南拳健身操是根据南派拳术的手型手法、步型步法编写而成，其动作简单，老少皆宜；左右对称、手脚并用，可单式、多式重复练习，也可以整套练习。

其健身特色主要表现为：

①有助于机体内脏器官及各系统机能的提高。

②有助于肢体力量的增长。

③有助于灵活性、协调性的改善。

④有助于意志品质的培养。

二、健身动作

1. 预备势

（1）健身原理

挺胸吸肚、吐纳呼吸，意在调息；睁眼远视，提神调气。

（2）动作说明

两手握拳；抱于腰两侧。（图14-1）

（3）练习要点

身体伸直，两膝并拢伸直，两拳握紧，两肘夹紧。

图14-1

2. 劈掌撩爪

（1）健身原理

两臂交叉摆臂划圆，通过展胸、转肩向身体两侧，配合呼吸，达到肩关节的舒筋伸展，同时膝关节弯曲，随气沉丹田快速下蹲，有助于锻炼两腿四头肌和膝关节肌肉力量与灵活性。通过腰胯拧转、马步和骑龙步的变换，可锻炼腰胯合力、下肢臀部肌群和踝关节的柔韧性。

（2）动作说明

左开步成马步；两手交叉经胸前上举过头向身体两侧划弧下劈至与两肩平；目视左侧。（图14-2）

右脚拖步，身体左转90°成骑龙步；右手变爪随体转从下向左前方撩出；同时左手变爪与右爪相合至右肘处。（图14-3）

身体右转变马步；同时两爪拉开成架推爪；目视左侧。（图14-4）

图14-2

图14-3

图14-4

收脚并步，两拳收于腰间；目视前方。

右侧与左侧动作相同，左右相反。

（3）练习要点

划弧展臂要充分，步型变换快速稳固，两爪指用力内扣，重心高低量力而行。

3. 单指格挡

（1）健身原理

马步是南拳的主要桩步，稳马即五趾抓地，“落地生根”，同时配以提裆敛臀和气沉丹田，协同大小腿和脚踝、脚趾的用力，从而全面锻炼下肢的力量，达到“稳如铁塔坐如山”的功效。再通过腰胯、腿膝和肘关节的左右、上下拧翻转，锻炼两侧腰肌的灵活性和爆发力，同时充分提升肘关节力量、速度和灵敏性。

（2）动作说明

左脚开步成马步；左手握单指提至右肩，然后从右肩滑向左肩，再从胸前向前推出。（图14–5）

身体右转90° 成右弓步；左肘弯曲外翻成外格，再内翻成下格；右手抱拳收在腰间；目视前方。（图14–6、图14–7）

图14–5

图14–6

图14–7

身体转正，左手收回；同时右拳向前冲拳，然后快速收回腰间；目视前方。右侧与左侧动作相同，左右相反。

（3）练习要点

拧转时力从根生，体要正直，且保持重心稳固，肘要弯曲，力达上臂前段。

4. 沉桥标掌

（1）健身原理

桥，是指臂的运行，称为“桥手”。桥手要求两臂刚硬，内蓄劲力。所以开步要求沉气、坐胯，配合气沉丹田使人体重心下降，加大人体支撑的垂直力量，锻炼下肢的稳固性，再通过躯干的上下含拔，使双单指快速向前推出，达到上下合一，提高腰腹肌的爆发合力，以及上下肢的协同性，从而使手臂的二头肌、三头肌得到锻炼，进而提高硬桥的效果。

（2）动作说明

左开步成马步；双手变掌从两侧腰间交汇于胸前，再分开成外桥（掌心朝上），然后前臂翻转（掌心朝下）变按桥。（图14-8）

两掌快速回收腰间，再快速向前标掌；力达指尖。（图14-9）

图14-8

图14-9

两手臂弯曲上举至耳朵两侧，再向前划弧快速收于腰间，然后从腰间快速发力向前推出，力达掌根；目视前方。（图14-10、图14-11）

开右脚成马步，再重复一次动作。

图14-10

图14-11

（3）练习要点

桥臂与肩同宽，力达前臂。含胸拔背标掌一气呵成，抬肘圈桥快速、有力。

5. 横击担肘

（1）健身原理

肘，是指前臂弯曲，以肘为轴心的攻击动作，通过开合胸部，两手带动两臂弯曲，在胸前进行拍击。同时随胸开合配合呼吸，在开步骑龙步击肘时闭气，使胸腹部产生运动，圆满完成一次调息。再通过右脚跟的拧转，带动腰胯左转产生旋力，使脚膝、腰胯的肌肉群充分拉伸，提高身体的旋转速度和灵敏性。

（2）动作说明

右脚向前上步成右弓步；左臂屈肘从左后向前横击；同时右手从右后划出与左肘相击。（图14-12）

左脚上步成马步；左手变拳向前冲拳，右手变拳收回腰间，成马步左冲拳。（图14-13）

图14-12

图14-13

左脚后撤，身体左转90° ；左拳快速收回左腰间；同时右手变肘随转体向左横肘，力达肘部前段。（图14-14）

身体右转45° ；右肘收回抱拳于腰间；左手随转体变肘前上方担击，力达肘部前段；目视攻击方向。（图14-15）

右侧与左侧动作相同，左右相反。

图14-14

图14-15

（3）练习要点

横击肘时要快、狠、准，转体时身要正、气要沉、步要稳，呼吸与动作相合。

6. 挂盖鞭拳

（1）健身原理

抬头挺胸，以腰带臂，臂绕经体侧沿立圆运行，腰背发力，收腹含胸，下盖到终点要制动，来提高手臂、肩关节及腰背肌的拉伸和制动能力，达到锻炼腰背肌的功效。然后通过快速换步，随腰部旋转完成左右拳的攻击，从而提高身体的左右、上下协调能力及速度和灵敏性。

（2）动作说明

左脚横开步成左弓步；左拳随身体左转从左腰处向上、向左划弧快速挂下，力达拳背，右拳随后从右腰处向上向左划弧快速盖下；力达拳心。（图14–16）

右脚向前上步成右弓步；右拳从左腰处向正前方鞭拳；左拳变掌护于右上臂处。（图14–17）

左腿拖步成右骑龙步；同时左拳快速向前冲拳；右拳变掌快速收回，护于左臂上方；目视前方。（图14–18）

右侧与左侧动作相同，左右相反。

图14–16

图14–17

图14–18

（3）练习要点

抬头挺胸看左拳，轮臂要立圆，换步快速，以腰带动曲臂弹击和换手冲拳。

7. 鹤嘴提膝

（1）健身原理

通过虚步鹤嘴手的重心移动，以及开爪单腿独立练习，来提高单腿的支撑能力和身体的平衡能力，以及身体的柔韧性和协调性。蹬地、拧腰、转胯、送肩和发力等一气呵成，完成腿、腰、臂等各关节力量的锻炼。

（2）动作说明

重心移动至右脚，左脚横开成高虚步；两拳变鹤嘴手，左手在脸、胸前划弧向外勾出；同时右鹤嘴手向左上方啄出；力达指尖。（图14-19）

重心移至左脚，身体右转45°；两手变爪随转体分别向左右两侧拉开；同时右腿提膝成单腿独立。（图14-20）

图14-19

图14-20

右脚向右着地成右弓步；两手变掌收回右腰处，掌根相叠，随拧腰转胯用力向左前方45° 推出；目视攻击方向。（图14-21）

右侧与左侧动作相同，左右相反。

图14-21

（3）练习要点

重心移动要平稳，鹤嘴手啄出时力达指尖，膝尽量抬高，两爪张开控制平衡。

8. 勒手踩脚

（1）健身原理

通过单腿跪步、两手切掌，再蹬地站起变换成马步，使大腿的内外侧韧带进行锻炼，从而提高大小腿肌肉群的力量，以及脚踝的柔韧性。两手臂翻转变爪，使手臂血液流通，勒手踩脚同步进行，从而提高上下肢的协调性和柔韧性，以及腿部力量和平衡能力。

（2）动作说明

左转身45° 开步成左跪步；两手变掌从腰间向左前方切出成单蝶步切掌。

（图14-22）

右腿起立成左半马步；两掌变爪翻转成勒手。（图14-23）

两手回拉至右腰处；同时右脚向左前方踩出，力达脚底。（图14-24）

右脚收回落地成左弓步；两手变爪快速收回，随即拧腰转胯快速推出，力达爪心；目视攻击方向。（图14-25）

右侧与左侧动作相同，左右相反。

图14-22

图14-23

图14-24

图14-25

（3）练习要点

下蹲要贴地，并快速发力切掌，慢速转换马步，同时两手翻掌变爪，勒手踩脚要快速并控制好平衡。

9. 抛拳弹踢

（1）健身原理

通过左右拳的直臂、展胸，向前后侧抛摆，使两肩关节大幅度抡转，消除关节的黏连，提高三头肌和二头肌的力量。同时抬头仰脖，使颈椎向后伸展，达到放松的效果。弹踢冲拳是手脚并用，且左右开动，提高身体上下左右的协调能力。

（2）动作说明

左脚横开，身体左转45°；右拳从胸、脸前直臂向上挑摆，成右抛拳；左拳向身后劈打；两臂前后成一直线。（图14–26）

身体向右转体180°；右拳在身前划弧下落；左拳随转体从下向前直臂抛出，成左抛拳。右脚后撤；左拳收回左腰处；右拳从右腰处向左前方45°方向冲拳。（图14–27）

右拳收回腰间；左拳冲拳；同时右脚向左前方弹踢。（图14–28）

图14–26

图14–27

图14–28

右脚回落成左弓步；同时左拳收回腰间；右拳冲拳；目视攻击方向。（图14–29）

右侧与左侧动作相同，左右相反。

图14–29

（3）练习要点

抛拳时两手前后拉开成180°，抬头目视前拳上方，腿从屈到伸，尽量抬高。

注

南拳，2009年被列入浙江省第三批省级非物质文化遗产名录。

王三 上海体育学院武术学院副教授，博士，硕士研究生导师，运动健将，上海市龙狮运动协会副会长。

吴俊辉 上海体育学院武术学院学生，上海市黄浦区咏春拳运动协会秘书长，俊咏堂咏春拳馆馆长。

15 咏春拳组合

一、健身特色

咏春拳是中国传统武术，对内注重“精气神”的修炼，对外注重“筋骨皮”的打磨。其健身特色体现在：

①咏春拳重视桩功，有利于提高腿部力量。

②咏春拳重视攻守同期，提高左右手脚协调配合能力。

③咏春拳追求速度与寸劲力量的提高。

④咏春拳训练讲究“心正、意正、身正”，在站桩与发力时全身多部位肌肉群和关节共同参与，对人体协调与平衡发展有重要作用，可预防和改善肩周炎、颈椎病、“鼠标”手等健康问题。

二、健身动作

1. 简式开桩

两脚并步，脚尖朝前，两手握拳上提，同时屈膝，抬头挺胸，不要弓腰。脚跟不动，脚尖外展45°。脚尖不动，脚跟外展45°，重心下坐，身体中正；目视前方。（图15–1～图15–3）

图15–1

图15–2

图15–3

2. 日字冲拳

（1）健身原理

生理角度：通过腿—腰—肩—肘—手的顺序发力，进行全身性整体运动，既可活动关节，亦可锻炼躯体肌肉，提高有氧耐力和力量。通过两人对练，可提高应变能力。

心理角度：通过主动出拳的方式，既易于修炼沉心静心的状态，也可通过二人对练提高个人勇气与信心。

（2）动作图示（图15-4～图15-8）

图15-4

图15-5

图15-6

图15-7

图15-8

（3）练习要点

开桩后，注意身体中正，两肘提高，后手握拳要紧，抬头挺胸，目视前方。出拳时，要注意肘关节内收在中线，两肘合一，冲拳出去后变立拳，发力点在拳面，击打位置在胸口。整个过程中不要紧张，越放松越好。建议1组练习20～50次，可每天练习1组。也可两人互相对练。（如摊掌VS日字冲拳）

3. 正掌

（1）健身原理

生理角度：同上，正掌动作还可拉伸手腕部韧带，提高关节处的柔韧性。
心理角度：同日字冲拳。

（2）动作图示（图15-9～图15-13）

图15-9

图15-10

图15-11

图15-12

图15-13

（3）练习要点

开桩后，注意身体中正，两肘提高，后手握拳要紧，抬头挺胸，目视前方。出掌时，要注意肘关节内收在中线，两肘合一，冲掌出去后手臂旋转向前变立掌。发力点在掌根处，击打位置在胸口。整个过程中不要紧张，越放松越好。建议1组练习20～50次，可每天练习1组或多组。也可两人互相对练。（如正掌VS撑掌）

4. 反铲掌

（1）健身原理

生理角度：同上，反铲掌动作还可主动拉伸手腕部的韧带，提高关节处的柔韧性。咏春拳讲究“身正”，对于调整身体姿态极有益处。

心理角度：同日字冲拳。

（2）动作图示（图15–14～图15–18）

图15–14

图15–15

图15–16

图15-17

图15-18

（3）练习要点

开桩后，注意身体中正，两肘提高，后手握拳要紧，抬头挺胸，目视前方。出掌时，要注意肘关节内收在中线，两肘合一，冲掌出去后手臂旋转向前，掌心向下，指尖朝侧，发力点在手掌小鱼际，击打位置在对方喉咙。整个过程中不要紧张，越放松越好。建议1组练习20～50次，每天练习1组或多组，也可两人互相对练。（如反铲掌VS高膀手）

5. 正铲掌

（1）健身原理

生理角度：同上，正铲掌动作还可主动拉伸手腕部的韧带，提高关节处的柔韧性。咏春拳讲究“身正”，对于调整身体姿态极有益处。

心理角度：同日字冲拳。

（2）动作图示（图15-19～图15-23）

图15-19

图15-20

图15-21

图15-22

图15-23

（3）练习要点

开桩后，注意身体中正，两肘提高，后手握拳要紧，抬头挺胸，目视前方。出掌时，要注意肘关节内收在中线，两肘合一，冲掌出去后手臂旋转向前，掌心向上，指尖朝侧，发力点在手掌根，击打位置在对方的下巴。练习时不要紧张，越放松越好。建议1组练习20～50次，每天练习1组或多组，也可两人互相对练。（如正铲掌VS高膀手）

6. 底掌

（1）健身原理

生理角度：同上，底掌动作还可主动拉伸手腕部的韧带，提高关节处的柔韧性。咏春拳讲究“身正”，对于调整身体姿态极有益处。

心理角度：同日字冲拳。

（2）动作说明（图15-24～图15-28）

图15-24

图15-25

图15-26

图15-27

图15-28

（3）练习要点

该动作开桩后，注意身体中正，两肘提高，后手握拳要紧，抬头挺胸，目视前方。出掌时，要注意前臂贴近身体，由拳变掌蓄力冲出，掌心朝外，指尖朝侧，发力点在手掌根，击打位置在对方的软肋。整个过程中不要紧张，越放松越好。建议一组练习20～50次，每天练习1组或多组，也可两人互相对练。（如底掌VS低膀手）

7. 撑掌

（1）健身原理

生理角度：同上，撑掌动作还可主动拉伸手腕部的韧带，提高关节处的柔韧性。咏春拳讲究“身正”，对于调整身体姿态极有益处。

心理角度：同日字冲拳。

（2）动作图示（图15-29～图15-33）

图15-29

图15-30

图15-31

图15-32

图15-33

（3）练习要点

开桩后，注意身体中正，两肘提高，后手握拳要紧，抬头挺胸，目视前方。出掌时，注意前臂贴近身体，由拳变掌蓄力柔和撑出，掌心朝侧，指尖朝上，发力点在手掌根，高度在胸口，肘关节成45°，注意肘关节离身体一拳距离。练习时不要紧张，越放松越好。建议1组练习20～50次，每天练习1组或多组，也可两人互相对练。（如撑掌VS日字冲拳）

8. 摊掌

（1）健身原理

生理角度：同上，摊掌动作还可旋转拉伸手腕部的韧带，提高关节处的柔韧性和灵活性。并且咏春拳讲究“身正”，对于调整身体姿态极有益处。

心理角度：同日字冲拳。

（2）动作图示（图15-34～图15-36）

图15-34

图15-35

图15-36

（3）练习要点

开桩后，注意身体中正，两肘提高，后手握拳要紧，抬头挺胸，目视前方。出掌时，前臂贴近身体，由拳变掌蓄力柔和旋出，掌心自下而上，最后朝向侧面，指尖向前，尽力拧转前臂，发力点在手腕与肘关节，高度在胸口，注意肘关节离身体一拳距离，前臂在中线。练习时不要紧张，越放松越好。建议1组练习20～50次，每天练习1组或多组，也可互相对练。（如摊掌VS日字冲拳）

9. 单膀手

（1）健身原理

生理角度：同上，膀手动作还可活动肩关节部位的肌肉与韧带，提高关节处的柔韧性和灵活性，预防肩周炎。并且咏春拳讲究“身正”，对于调整身体姿态极有益处。

心理角度：同日字冲拳。

（2）动作图示（图15-37～图15-41）

图15-37

图15-38

图15-39

图15-40

图15-41

注

咏春拳，2014年被列入第四批国家级非物质文化遗产代表性项目名录。

（3）练习要点

开桩后，注意身体中正，两肘提高，后手握拳要紧，抬头挺胸，目视前方。出掌时，由拳变掌蓄力柔和旋出，掌心自上而下，最后转向侧面，指尖向前，尽力拧转前臂，发力位置在手腕与肘关节。高度有三种，高膀手、中膀手、低膀手分别在胸口以上、正中、以下，前臂中点在身体中线，肘关节略高于手腕，手掌自然伸直。练习时不要耸肩。建议1组练习20～50次，每天练习1组或多组，也可互相对练。（如膀手VS日字冲拳）

刘文武 上海体育学院武术学院副教授，博士，硕士研究生导师。

16 五式少林拳

一、健身特色

少林拳是在中国古代健身术基础上，吸收各种武技之长而形成的拳术。其健身特色主要体现为：

①简便易练。少林拳套路对场地、器械要求不高，有利于习练者随时随地开展运动，充分利用现有条件进行锻炼。

②内外兼修。少林拳在主张外练的同时，也强调内练，它以意导气，以气引力，以力催形，以形养神，从而达到修心养身之目的。

③少林拳动作灵活多变，演练时小巧古拙、刚健有力。

二、健身动作

1. 上步一掌

（1）健身原理

上步一掌的健身原理主要是通过反复动作练习，提高相应运动关节稳定性和肌耐力。因为三角肌具有使肩关节外展内收的功能，股二头肌具有使膝关节屈伸的功能，所以通过练习，可以提高相应关节的稳定性和肌肉的耐力。

（2）动作说明

立正姿势，两脚尖微外展，脚立八字，与肩同宽，两臂自然下垂。身体左转，左脚向前半步成左高虚步，做右手格化，左脚向前半步成左弓步，右手收回腰间，做左推掌，并步收势。右侧动作相同，左右相反。（图16-1～图16-4）

图16-1　右手格化

图16-2　左推掌

图16-3　左手格化

图16-4　右推掌

（3）练习要点

动作由慢到快，由分解到组合，注意手脚配合。格化时前臂内旋，掌心朝上，内格挡时含胸收腹，推掌时滚出滚入。

2. 进步双枪

（1）健身原理

同上。

（2）动作说明

立正姿势，两脚尖微外展，脚立八字，与肩同宽，两臂自然下垂。身体左转，左脚向前上步成左高虚步，双手成掌收于腰间。左腿向前上步，右脚跟进变成左弓步，且掌心向上，同时向前向斜上方戳出，左掌在前，右掌紧贴左前臂处，目视前方，并步收势。右侧动作相同，左右相反。（图16-5～图16-8）

图16-5　左高虚步

图16-6　左双枪

图16-7　右高虚步

图16-8　右双枪

（3）练习要点

在做高虚步时注意蓄力，为进步双枪做准备，在二者动作转换时，注意快速的后脚跟进。单侧重复练习时，可采用每组6～12次，3～6组；间歇时间30～90秒，因人而异进行调整。

3. 迎面顶心

（1）健身原理

迎面顶心的动作主要由格挡、正蹬和盘肘组成，在演练时需要异侧手脚配合，以及单脚支撑，所以这个动作可以提高演练者的机体协调性、平衡能力以及肌肉爆发力。在左右侧反复练习过程中，可以逐渐体会技击价值，达到全面锻炼身体的作用。

（2）动作说明

立正姿势，两脚尖微外展，脚立八字，与肩同宽，两臂自然下垂。身体左转，右脚向前半步成右高虚步，做左内格挡，左手向下收回腰间，左脚提膝，向前蹬出成左脚正蹬。左腿屈膝自然下落，重心前移成左弓步，左手由腰间向头顶上架，同时小臂外旋，拳心向左，拳眼朝下。右拳提至胸正中下，屈肘，肘尖由右向左摆至身前，并步收势。右侧动作相同，左右相反。（图16–9 ~ 图16–14）

图16–9　左中格挡

图16–10　左脚正蹬

图16–11　落脚盘肘

图16–12　右中格挡

图16-13　右脚正蹬

图16-14　落脚盘肘

（3）练习要点

格挡时手脚同步，前臂内旋发力，正蹬提膝含胸收腹，注意重心不要后倾，盘肘时左前臂外旋，拳心向左，拳眼朝下，注意腰向左拧发力，以形成身体自下而上的整劲。

4. 云顶七星

（1）健身原理

云顶七星健身原理在于提高练习者下肢耐力。练习过程中，人体重心下移变化较多，对于腿部力量要求较高。通过不断重复练习，可以使演练者大腿肌群发生适应性变化，从而达到强化力量的作用。

（2）动作说明

立正姿势，两脚尖微外展，脚立八字，与肩同宽，两臂自然下垂。身体左转，左掌心向上经头顶向后握拳落于腰间，拳心向上。右脚向前上半步，然后右拳变掌向上，经头顶向后，握拳落于腰间。同时左脚向前上半步，右脚尖垂直点于左脚内侧，左拳经腰间向前直冲，右拳拳心朝下抵于左肘弯内侧，目视前方，并步收势。右侧动作相同，左右相反。（图16-15 ~ 图16-20）

图16-15　左云顶

图16-16　右云顶

图16-17　七星

图16-18　右云顶

图16-19　左云顶

图16-20　七星

（3）练习要点

在做左右云顶时，注意手臂放松，动作不可僵滞。演练动作重心的高度可以根据演练者水平来调整，初学者不宜重心过低。

5. 上步捭手

（1）健身原理

上步捭手的练习主要在于重心移动和气力配合，通过外练利关节、便手足、强筋骨、壮体魄，以达到演练者身体各个系统的锻炼，提高体育运动能力，改善内脏器官功能。

（2）动作说明

立正姿势，两脚尖微外展，脚立八字，与肩同宽，两臂自然下垂。身体左转，左脚向前半步成左高虚步，做右掩手。左脚向前半步，屈膝前弓，做左捭手，目视前方，并步收势。右侧动作相同，左右相反。（图16–21～图16–24）

图16–21　右掩手

图16–22　左捭手

图16-23　左掩手

图16-24　右掸手

（3）练习要点

在做掸手时，注意松弛发力，掌心朝向自己躯干，经右胸前，以反背掌向前上方打击，右手下按，向下收回腰间，掌心向下。

注

少林功夫，2006年被列入第一批国家级非物质文化遗产代表性项目名录。

范铜钢 上海体育学院武术学院教师，博士，硕士研究生导师，健身气功国家级裁判员。

蝗螂拳技法
完整动作视频

17 螳螂拳技法

一、健身特色

螳螂拳是模仿螳螂捕食和争斗动作的武术拳术，属象形拳类。相传为明末清初山东即墨人所创，主要有梅花螳螂、七星螳螂、六合螳螂、太极螳螂等流派，入选第二批国家级非物质文化遗产名录。其健身特色主要体现为：

①象形取意，寓意于拳。以螳螂为原型，模仿其“形”，吸取其“技”，将螳螂的“机智”与“敏捷”寓意于拳。

②手眼身法，变化多端。要求“眼快、手快、身快”，眼到手到、招招相连，对锻炼眼睛、手部和身法效果明显。

③健身防身，内外兼修。攻防兼备，形神合一，重“形”更重“意”，练习时既要学习螳螂拳技法，更要掌握螳螂拳技内涵。

二、健身动作

1. 双封手

（1）健身原理

双封手动作对于人体平衡、视觉和手部关节具有一定锻炼功效。虚步可增加单腿肌肉力量，提高人体平衡能力。动作练习时眼神随动作进行移动，对于改善视觉疲劳效果良好。双封手重点在于手的速度，可以充分调动手部各指关节有效运动。

（2）动作说明

并步站立，两手臂自然下垂；目视前方。（图17–1）

两手臂自然向左上方摆动至与肩平，两手掌心朝下。（图17–2）

两脚向右后方撤步；两手自上而下自然摆动至右侧与肩平。（图17–3）

左脚前探成虚步；两手自右肩向上摆动至头顶处两手变勾快速下落至胸前；目视手臂延伸处。（图17–4）

以上为左势，右势反向练习。左右为1遍。

图17–1

图17–2

图17-3

图17-4

（3）练习要点

初学者虚步不宜下蹲过低，年长者可根据自身情况选择虚步下蹲高度。动作单练时建议3～5遍为1次，8个动作组合练习时建议1～2遍为1组（下同）。

2. 挡臂手

（1）健身原理

挡臂手练习注重身法的运用，讲究以腰带身、以身带肩、以肩带臂、以臂带手、以手变勾，是身体多个部位的协调组合，同时要求身到、手到、步到，三者紧密配合，对人体协调能力和手臂张力有一定的要求。

（2）动作说明

并步站立，两手自然摆动至身体右侧，掌心相对。（图17-5、图17-6）

开左脚，身体自然左倾，左手自右腰侧自然划向左上方。（图17-7）

屈膝下蹲成跪步，左右手同时变勾；目视前手延伸处。（图17-8）

以上为左势，右势反向练习。左右为1遍。

图17-5

图17-6

图17-7

图17-8

（3）练习要点

挡臂手左手为格，右手为挡，练习时身体要放松，肩臂随身体自然摆动，跪步可根据自身情况选择下屈幅度。

3. 点睛手

（1）健身原理

点睛手在两手收回时讲究速度快，收回后身体并未成定势，仍然保持着“猎食”状态，即保持身体与姿势的晃动，以高度的警觉来寻觅“猎物”。该式动作对提高身体协调性具有一定帮助，练习时要以身体为中心，手与眼睛要随着身体自然运动。

（2）动作说明

并步站立，向左侧迈左脚；两手自然向右摆动自腰部右前方。（图17-9、图17-10）

身体重心左倾，两手自右向左自然摆动至腰部左前方。（图17-11）

两手自腰部左前方快速向右前方伸出，并变勾快速收回至胸前，右手与耳平，左手与左肩平；下肢成弓步；目视右手前方。（图17-12）

以上为左势，右势反向练习。左右为1遍。

图17-9

图17-10

图17-11

图17-12

（3）练习要点

点睛手的练习要点在于放手和收手，放手时全身要放松，收手时要以身带手臂迅速收回，同时应根据自身情况选择弓步高度。

4. 单劈手

（1）健身原理

单劈手可以有效锻炼手臂关节，同时加速手臂血液循环，提高手臂抗击打能力。两手拍击时要求手到、脚到、眼神到，练习前可以先轻柔手臂，使手臂得以舒展，练习时更有利于手臂血液循环，避免力度过大对手臂造成伤害。

（2）动作说明

并步站立；身体右倾，两手自然上提，右手略高于肩。（图17-13、图17-14）

原地震右脚，身体左倾，向斜前方开左脚，两手于腰间交叉拍击。（图17-15）

左脚跟着地，右腿屈膝，身体后仰；右手下劈，左手上拉；眼睛看向右手延伸处。（图17-16）

以上为左势，右势反向练习。左右为1遍。

图17-13

图17-14

图17-15

图17-16

（3）练习要点

单劈手要点在于下劈手的寸劲，下劈手即像“手刀”，下劈时要干脆，同时还应根据自身情况选择下劈的力度和速度。

5. 破刀手

（1）健身原理

破刀手练习可以提高前手反应速度和力量，同时对提高支撑腿腿部力量和人体平衡能力具有非常好的效果，长期习练对改善眼部疲劳也有不错的效果，会使眼部炯炯有神，改善人的精神面貌。

（2）动作说明

并步站立；两手掌心向下，自然向右摆动至身体右侧。（图17-17、图17-18）

左手前推撑，右手翻掌使掌心向上。（图17-19）

以身带臂，以臂带手，两手迅速向身体左侧摆动，左手变勾放于头部左侧与耳平，右手成手刀状与眼平；提左膝；目视前方。（图17-20）

以上为左势，右势反向练习。左右为1遍。

图17-17

图17-18

图17-19

图17-20

（3）练习要点

螳螂又名“刀螂”，破刀手一手勾一手砍，出手时要像螳螂出“刀”般精准，提膝高度可根据自身情况选择上提幅度。

6. 闪电手

（1）健身原理

闪电手重点在于出手的速度，第一手讲究精准，第二手要求放长击远、出其不意。在实际练习过程中，练习者可以先熟悉动作，待动作熟练后慢慢学习发力和加速，长期练习可以有效提高手臂和肩关节灵活性，减少疲劳症状。

（2）动作说明

并步站立；左手向左前方上提与腰高，右手变勾提至右腰侧（图17-21、图17-22）。

左脚向左前方迈出，身体向左前方前倾；右勾向左前方顶出；左手轻抚右手臂。（图17-23）

重心继续向左前方倾斜，右勾变掌斜翻沿手臂延伸方向用力击出；目视手掌延伸处。（图17-24）

以上为左势，右势反向练习。左右为1遍。

图17-21

图17-22

图17-23

图17-24

（3）练习要点

闪电手讲究的是速度，第一手要准，一击“必杀”；第二手要快，快似“闪电”；弓步可根据自身情况选择步法高度。

7. 双刁手

（1）健身原理

双刁手讲究上下肢的配合与协调，是武术“手、眼、身法、步”的整体体现，该式动作练习时手法要有速度，眼睛要有神，身法要灵活，步法要稳健，整个动作要求一气呵成，既要有定势，更要求稳健。

（2）动作说明

并步站立；两手自然向身体左前方上提。（图17–25、图17–26）

微提右膝；右手自然向右耳侧回拉；左手微微上提。（图17–27）

左右手迅速回拉变勾手；左膝下屈，右脚放置左膝上方；目视左手方向的斜前方。（图17–28）

以上为左势，右势反向练习。左右为1遍。

图17–25

图17–26

图17-27

图17-28

（3）练习要点

双刁手攻防兼备，一手刁为防，一手刁为攻，两手又可同时出击，既是定势又成攻势，同时练习时还应根据自身情况选择提膝高度。

8.双勾手

（1）健身原理

双勾手与点睛手都非定势，动作完成后，身体依然要保持警戒（晃动），该式动作对下肢力量和柔韧要求极高，最初练习时不可过度下蹲，可以循序渐进进行练习。

（2）动作说明

并步站立，向右后方45° 撤右脚；两手自然后摆。（图17-29、图17-30）

两手自身体斜后方外展收至体前，两手与肩同高。（图17-31）

双手迅速回拉变勾手；步法成四六步；目视双勾手延伸处。（图17-32）

以上为左势，右势反向练习。左右为1遍。

图17-29

图17-30

图17-31

图17-32

（3）练习要点

双勾手为基本势，似伺机而动，又似兵刃相接，练习时全身要放松，练习者可根据自身情况选择步法高度。

注

螳螂拳，2008年由山东省莱阳市申报，被列入第二批国家级非物质文化遗产代表性项目名录；2011年分别由山东省栖霞市、青岛市崂山区申报，被列入第三批国家级非物质文化遗产代表性项目名录；2014年由山东省青岛市市南区申报，被列入第四批国家级非物质文化遗产代表性项目名录。

席翀嗣 上海体育学院武术学院教师，硕士研究生导师，运动健将，全国武术冠军，上海体院武术套路队主教练。

精武健身拳
完整动作视频

18 精武健身拳

一、健身特色

精武健身拳属于长拳中的一种，由6个动作组成，它融入了武术套路中的手型、步型、平衡动作，套路简单易学，通过练习可提升人的身体灵活性、节奏感、协调性，运动强度适中，练习中主要以有氧运动为主。在练习精武健身拳的过程中，人们既可以锻炼自身动态平衡同时又达到了健身的功效，其健身特色主要体现为：

①通过步型的转换来发展肌耐力和肌肉弹性，提高肌肉适应能力。

②通过上下肢动作结合来提高肢体协调性，从而更好地控制上下肢协调能力。

③通过提膝独立动作的动态平衡练习来提高人体重心、姿势的调整控制能力。

二、健身动作

1. 预备势（并步抱拳）

（1）健身原理

挺胸收腹；聚气，夹臂立腰，提神，使人聚精会神。

（2）动作说明

双手握拳抱于腰间，拳面与小腹在同一个平面，双肘后顶，挺胸，塌腰，收腹；目视前方。（图18-1）

正面　　背面　　侧面

图18-1

2. 双龙戏珠

（1）健身原理

自外内旋冲出拳作用于肱二头与肱三头肌肉，长期练习有助于增强手臂肌肉力量。

（2）动作说明

左脚向左落成马步；右拳同时内旋击出，稍微停顿后左拳内旋击出，拳心向下，力达拳面；目视前方。（图18–2、图18–3）

图18–2　右冲拳

图18–3　左冲拳

（3）练习要点

重心下落变马步时需注意冲拳的内旋劲，马步高低可根据身体情况调整，冲拳时双侧2拳为1组，也可以4拳为1组。控制马步时间，以达到健身效果。

3. 青龙出海

（1）健身原理

推掌动作对前臂及手腕柔韧具有锻炼作用，练习时需保持腰背挺直，长期练习可增加腰椎力量，起到保护腰椎的作用。

（2）动作说明

左脚向右脚靠拢；上身挺胸直立；四指伸直并拢拇指屈扣为掌，以掌根为力点，右掌从腰间向前推击，指尖向上。左推掌时右掌收回腰间呈掌型，左掌

从腰间推出变立掌。（图18-4、图18-5）

正面　　侧面

图18-4　右推掌

正面　　侧面

图18-5　左推掌

（3）练习要点

推掌是武术基本动作，推掌时以掌根为力点从腰间向正前方推出，练习时保持身体中正，推掌次数可根据身体情况而定，注意力尽可能放在掌根位置，身体可以有轻微转动，以达到锻炼腰部的功效。

4. 天王托塔

（1）健身原理

这个动作像人伸懒腰，它可有效梳理人体三焦，顺畅全身血液，加快各脏腑运化，减轻疲劳。

（2）动作说明

左腿向左侧跨立，两腿挺膝伸直；重心上提，右掌上提至面前时，双掌随臂内旋上托，掌心向上，指尖相对；抬头目视上方。动作略停。（图18-6）

正面　　背面

图18-6

（3）动作要点

呼气翻转掌心尽力上托，使两臂充分伸展，保持放松，仿佛伸懒腰状，同时缓缓抬头上观，尽可能使脖子后仰加强颈椎力量，获得更佳的运动效果。

5. 雁落平沙

（1）健身原理

扎马是武术基本步型之一，习武先扎马，扎马有助于下盘稳固，腿部肌肉紧实，保护膝关节。

（2）动作说明

两腿自然分开，两脚间距是三个脚掌的长度，两腿下蹲呈马步状，脚尖平行向前，勿外撇；双手下落至面前时变十字手动作顺势下压。（图18-7）

图18-7　马步撑掌

（3）动作要点

练习时两腿平行开立， 脚尖平行向前，两膝外撑，大腿尽可能与地面平行。同时胯向前内收，含胸拔背，初练时马步不易达到水平状态，随腿部力量加强，可达到更佳锻炼效果。

6. 白鹤展翅

（1）健身原理

双臂双掌向外延展，可使背部肌肉、胸大肌、肩胛骨及前臂等部位得到较大程度牵引拉伸，可以缓解上肢僵硬程度，保持关节灵活度。

（2）动作说明

双脚保持马步宽度。双手收于胸前时两掌向左右方向平推，两臂与肩同高；目视前方。（图18-8）

图18-7　白鹤展翅

（3）动作要点

推掌时双掌力达掌外延，双肩尽可能撑开，在练习过程中尽量避免耸肩动作。

7. 鱼跃龙门

（1）健身原理

上下肢配合，有助于提高肢体灵活性及协调性，按掌提膝可增强下肢稳定性。

(2) 动作说明

身体左转，左腿提膝；右掌下按。（图18-9）

左脚向前迈一大步，前腿屈膝半蹲，后腿挺直，左腿在前，成左弓步；同时左掌顺势推出，指尖向上。（图18-10）

右弓步推掌动作同左弓步推掌，唯左右相反。（图18-11、图18-12）。

图18-9　左提膝按掌

图18-10　左弓步推掌

图18-11　右提膝按掌

图18-12　右弓步推掌

（3）动作要点

提膝时膝盖略高于髋，腹部保持持续紧张，腰背平直，支撑腿稳定性是保持身体平衡的重要条件，专注力在支撑腿，下落变弓步动作尽可能干净利落。

8. 收势

（1）健身原理

并步松劲站立，调理均匀呼吸，轻缓疲劳。

（2）动作说明

右脚向左脚并拢；右掌收回腰间时为拳，双拳抱于腰间，拳面与小腹在同一个平面，双肘后顶，随即双手自然下垂于腿两侧；目视前方。（图18-13）

图18-13　收势

注

精武武术，2014年被列入第四批国家级非物质文化遗产代表性项目名录。

非遗体育健身法

（下）

陈养胜 上海体育学院教师，国家级教练员，上海体育学院、上海市男子散打队主教练，国家武术散打队教练，全国武术十佳教练员。

19 散打练习法

一、健身特色

通过散打练习，练习者能够强身健体，防身自卫，改善机能，提高身体素质，尤其对青少年肌肉、骨骼的生长发育有促进作用。此外散打练习能锻炼人的意志品质，培养人坚毅、果敢、顽强、坚韧不拔的精神，克服胆怯、懦弱的心理，增强勇气和自信心。为提高人们的身体素质，缓解心理疲劳，提高精神状态，特设计以下散打居家练习方法。

二、健身动作

1. 高抬腿

（1）健身原理

从健身的角度来讲，高抬腿对提高练习者腰腹部力量有较大作用，同时还能提高腰腹肌收缩和伸展的协调性、髋关节的灵活性。

（2）动作说明

起始动作为武术散打实战姿势（图19–1），随即右腿提膝转髋（由右向左斜上旋转）收回（图19–2、图19–3），重复练习；再左腿提膝转髋（由左向右斜上旋转）收回，重复练习，提高腰腹部力量。可计次数，每条腿提膝30～50次交换，可计时20～40秒交换，组间间歇1分钟，各腿练习4～6组。

图19–1　实战姿势

图19–2　提膝过程

图19–3　提膝完成

（3）练习要点

提膝快，回落点轻，尽量保持拳架，练习过程要保持协调、流畅、快速，支撑脚脚跟随提膝节奏向身体内侧旋转，提膝高度超过腰部以上。直接提膝、没有旋转、转髋，都属于错误动作；此动作是鞭腿技术的前半部分，按照踢高鞭腿的提膝规格练习。此外，根据每个人的身体素质和对散打技能的掌握情况，练习次数可增加或减少。

2. 快速冲拳

（1）健身原理

提高上肢肌肉的耐力素质，提高拳法击打速度，锻炼出拳和脚步的协调性。

（2）动作说明

起始动作为武术散打实战姿势，也可双脚平立与肩同宽，左脚动左拳出击（同手同脚）（图19-4），右脚动右拳出击（图19-5），重复交替，连续击打。每组练习15～30秒，组间间歇60秒，共练4～6组。

图19-4　左拳

图19-5　右拳

（3）练习要点

脚动拳到，协调一致，连续快速。提高拳、脚协调性和出拳速度。也可手握适合重量的哑铃、塑料瓶装水负重进行练习。注意拳架保持高度，打直线，防止抬肩。根据练习的不同目的，可加长时间，提高耐力素质。

3. 拳腿空击练习（想象练习）

（1）健身原理

通过拳腿空击练习，能够提高练习者拳腿组合技术的协调性，步法移动的灵活性，进攻和防守的全面性，同时能够提高大脑的想象力和机体的耐力素质。

（2）动作说明

起始动作为武术散打实战姿势，充分想象对方的实战姿势，移动方位，进攻动作和防守情况，有针对性地运用拳腿或摔法技术进行击打（图19-6～图19-9）。每组练习2～3分钟，组间间歇1～2分钟，练习4～6组。

图19-6　直拳

图19-7　鞭腿

图19-8　蹬腿

图19-9　踹腿

（3）练习要点

想象力丰富，移动灵活，节奏感强。注意准备活动充分，防止肌肉拉伤；活动范围适可而止，避免撞击墙体而损伤。

4. 下蹲起鞭腿

（1）健身原理

增强练习者下肢的爆发力和鞭腿的击打速度，同时提高力量素质和专项技术。

（2）动作说明

起始动作为武术散打实战姿势，双腿深蹲（小腿和大腿夹角90° 左右）（图19-10），快速起立的同时踢右鞭腿（图19-11、图19-12），再次双腿深蹲，快速起立的同时踢左鞭腿，重复交替练习。每组20～30次（各腿10～15次），组间间歇1～2分钟，练习4～6组，提高下肢爆发力和鞭腿速度。另外根据自身的实际情况次数可增加或减少，避免负荷过大损伤。

图19-10 下蹲

图19-11 蹲起提膝

图19-12 蹲起鞭腿

（3）练习要点

尽量保持拳架，深蹲、起立时保持身体垂直、重心稳定，踢鞭腿快速、协调，高度在腰部以上。注意腿部要活动充分，防止拉伤；蹲起身体容易前倾、导致踢腿不到位。

5. 下蹲起侧踹腿

（1）健身原理

增强练习者下肢的爆发力和侧踹腿的击打速度，同时提高力量素质和专项技术。

（2）动作说明

起始动作为武术散打实战姿势，双腿深蹲（小腿和大腿夹角90° 左右）（图19–13），快速起立的同时踢左侧踹腿（图19–14、图19–15），再次双腿深蹲，快速起立的同时踢右侧踹腿，重复交替练习。每组20～30次（各腿10～15次），组间间歇1～2分钟，练习4～6组，提高下肢爆发力和踹腿速度。根据自身的实际情况次数可增加或减少，也可手握适量的物体负重练习。

图19–13　下蹲

图19–14　蹲起提膝

图19–15　蹲起踹腿

（3）练习要点

拳架尽量保持，起立的同时折叠小腿，重心稳定，踹腿快速，高度腰部以上。注意腿部活动充分，防止拉伤，髋关节伸展到位。

6. 练个“球”

（1）健身原理

通过抓球练习能够提高练习者的注意力，协调性和耐力素质。

（2）动作说明

练习器材为网球或者接近网球大小的其他玩具球（图19-16）。起始动作为武术散打实战姿势，左拳握球伸直（图19-17），左拳放球收回的同时右拳出击抓球，右拳放球收回的同时左拳出击抓球（图19-18），重复交替练习。每组练习时间1分钟，组间间歇1分钟，练习4～6组，主要提高动作的协调性。

图19-16　可用球形

图19-17　左手握球

图19-18　右手抓球

（3）练习要点

移动中练习，脚动拳到，步招协调，拳法尽量伸展。初学者注意由慢开始，动作容易变形，难度较大，不要气馁。

7. 头戴式反应球

（1）健身原理

通过反应球练习能够提高练习者的拳法击打距离感、协调性、灵敏性和反应能力以及耐力素质。

（2）动作说明

器材说明：自制训练器材，准备一个足球或玩具球，用细绳编制一个网袋或选一较牢固的袋子，把球装进来；准备弹力橡皮带一根，与手臂长度接近，轧紧袋口或网口；再准备一根固定在头上的带子，将橡皮带的另一头轧在带子上，套在头上（图19-19）。

图19-19　自制头戴式反应球

动作说明：起始动作为武术散打实战姿势（图19-20），将带子戴在头上，用拳法击打反应球，左拳右拳重复交替进行（图19-21）。每组1分钟，组间间歇1分钟，练习4～6组，提高协调性、灵敏性和反应能力。

图19-20　戴好反应球

图19-21　击打反应球

（3）练习要点

注意力集中，拳动脚动，协调一致，发力均匀。注意事项：初练难度较高，不要气馁；建议戴手套练习，避免拳面皮肤挫伤。

沈学军 上海体育学院教师，国家级教练员，硕士研究生导师，上海体育学院散打队教练、国家散打队主教练、国家拳击蓝队教练员。

20 散打素质训练

一、健身特色

身体素质是力量、速度、耐力、灵敏、柔韧等人体多项机能的总称，散打素质训练的健身特色主要体现为：

①提高肌肉力量。通过系统性身体锻炼，可使躯体肌肉得到提升，爆发力、耐受力均可得到改变。

②增强人体协调性及灵活性。诸多技巧性训练手段，需要人体整体配合才能完成，因此反复练习可增强协调性及灵活性。

③改善韧带柔韧性，加固关节。身体素质训练可逐渐改善身体柔韧性，使关节活动范围加大，并且更加稳固。

④促进新陈代谢，增进体质健康。身体素质加速血液循环、促进肠道蠕动等新陈代谢的更新，有助于增强体质，促进健康。

二、健身动作

1. 单腿站立训练

（1）健身原理

单腿站立可以提高练习者身体平衡能力和稳定性，重点提高脚掌、踝关节、小腿肌群、膝关节、大腿肌群及髋腰等肌肉能力。

（2）动作说明

第一种，立正姿势，双手自然垂于体侧，双腿微蹲，左脚（右脚）抬起一定高度，保持身体稳定（图20-1）。第二种，立正姿势，左腿（右腿）向侧面抬起一定高度，下腿蹬直，顶胯收腹，保持稳定；目视脚所抬起的方向（图20-2）。

图20-1

图20-2

（3）练习要点

练习时，根据自身实际能力控制难度，建议每周训练2～3次，每次训练4～6组（左右腿各尽力站立1次为1组），组间休息1～2分钟。长期坚持训练能保证下肢的强壮。

2. 后背拱桥训练

（1）健身原理

利用后背拱桥动作的训练，可以促进躯体后部肌群全面发展。静力性肌肉等长收缩的训练，有助于提高机体平衡和稳定能力，背部拱桥能锻炼机体背部表层及深层肌肉。

（2）动作说明

在沙发或者床边，肩部以上平躺，以下平躺悬空，以双脚支撑地面，使身体与地面保持平行，缓慢抬起左脚（右脚），双手合于腹前，保持稳定（图20–3）。

图20–3

（3）练习要点

初练可双脚着于地面，随着个人能力提升，可逐渐过渡到单脚。训练负荷建议每周训练2～3次，每次训练4～6组（自身能力坚持到最大程度为1组），组间休息1～2分钟。

3. 肩带振动训练

（1）健身原理

有利于提高肩关节周围肌肉的发展，促进平衡和稳定，增强肌力减少病变的风险；同时可预防和改善肩周炎等肩关节疾病。

（2）动作说明

立正姿势，双臂侧平举，平行于肩关节，分别在三个方向振动（图20–4）。

图20–4

（3）练习要点

在此推荐三个方向的振动训练法（见视频），建议长期坚持训练，每周训练2～3次，每次训练4～6组（三个方向各振动到自身能力最大程度为1组），组间休息1～2分钟。

4. 核心部位协调能力训练

（1）健身原理

髋腰核心部位的能力，影响到人体活动和运动能力，此训练能够提高髋腰协调能力，增强机体运动能力。

（2）动作说明

直臂、躯体伸直俯卧在地上；以身体中线为轴做左右摇摆运动。（图20-5）

直臂、躯体伸直俯卧在地上；两腿并拢做前后屈伸运动。（图20-6）

图20-5

图20-6

直臂、躯体伸直俯卧在地上；两腿前后分开交叉做前后屈伸运动。（图20-7）

直臂、躯体伸直俯卧在地上；两腿左右分开同时做前后屈伸运动。（图20-8）

图20-7

图20-8

直臂、躯体伸直俯卧在地上；两腿左右分开交叉做前后屈伸运动。（图20-9）

图20-9

（3）练习要点

建议每周训练2～4次，每次训练4～6组（五个动作各做10～20次为1组），组间休息1～2分钟。

周田芬 上海体育学院武术学院教师，运动健将，武术散打国际级裁判员。

21 散打基本功

一、健身特色

武术散打是一项益智健身、抗暴自卫、完善人格的运动。通过简单易学的散打动作辅助练习，既能强健体魄，提高免疫力和散打技术，也有助于释放内心焦虑，缓解情绪，是很好的解压方式。长期坚持散打练习可以达到防身自卫的效果。

二、健身动作

1. 左右冲拳

（1）健身原理

此动作可以提高上肢、腰背部及腿部肌肉的耐受能力；左右手交替练习，可改善身体协调性。练习可以逐渐过渡到快速冲拳来提高人体肺活量，改善身体呼吸系统机能，同时有愉悦身心的作用。

（2）动作说明

双手握拳，上身含胸收腹，前臂垂直地面，双臂弯曲置于体前；下肢稍屈膝自然站立。（图21-1）

右手出拳时，转腰蹬地带动肩臂向内旋转冲拳，高度与肩同高，击打时手腕保持水平状，此时左手呈护体姿势。（图21-2、图21-3）

左手冲拳，跟右手冲拳要领一致，此时右拳沉肘还原于体前（图21-4）。

左右冲拳交替进行。

图21-1　平行式

图21-2　右手冲拳（侧面）

图21-3　右手冲拳（正面）

图21-4　左手冲拳

（3）练习要点

出拳时不可先抬高肘关节。建议练习者由慢到快变速练习，左右冲拳快速连击，每组30～45秒，每天4～6组，根据自身体力调整冲拳速度与力量。

2. 单腿提膝

（1）健身原理

练习单腿提膝连击，速度快可以达到一定的负荷强度，不仅可提高腿法启动速度，还可强化腹部、腿部肌肉力量耐力及下肢稳定性。

（2）动作说明

站立式，自然放松。（图21-5）

以左脚在前的正架格斗式为例。双脚前后开立，前后间距比肩略宽，左右间距保持一只脚的距离，双臂握拳护于体前，含胸收腹。（图21-6）

左腿提膝时，右脚支撑腿保持重心平稳；左摆动腿膝关节向右斜方60°上提于腰部高度，同时大小腿夹紧，脚踝绷紧，提膝翻胯；此时右脚后跟适当内旋转15°，让髋部舒展开。（图21-7）

提膝动作还原时，前脚掌支撑借力进行下一个提膝动作连击。（图21-8）左右腿可交替进行提膝练习。

图21-5　站立式

图21-6　格斗站架

图21-7　提膝翻髈

图21-8　脚掌支撑

（3）练习要点

根据自身柔韧，调整提膝高度和击打速度。注意提膝翻胯时收腹，支撑脚、摆动腿及上肢保持协调配合。因人而异，锻炼左右单腿快速提膝连击30～40个为1组，每条腿做3～5组。

董文侠 上海体育学院武术学院教师，摔跤国际级裁判员。

22 居家中国跤

一、健身特色

中国式摔跤简称“中国跤”，是中华民族传统体育项目之一，融竞技、健身、观赏于一体，是居家锻炼、强身健体的有效方法。以下介绍几个简单的中国跤基本功练习方法，学之既可健身，亦可防身。

二、健身动作

1. 蹉腿

（1）健身原理

通过屈膝单腿支撑可以增强腿部力量，单腿上挑也可以锻炼自身平衡能力。

（2）动作说明

自然直立，双脚左右开立，间距略比肩宽；双手垂于体侧。（图22-1）

下蹲过程中双手掐腰，出右腿，右脚尖微微内扣点地后右腿伸直上挑，同时双手前推。（图22-2、图22-3）

图22-1

图22-2

图22-3

还原准备姿势，再出左腿做相同动作。此动作左右2次为1组，以8组为宜，建议根据自身情况进行练习。

（3）练习要点

单腿屈膝支撑重心要稳，且挑腿需有一定爆发力，上挑腿要伸直，脚尖向上扣紧，注意动作连贯。

2. 崴桩

（1）健身原理

通过腰部旋转可以增强腰部力量，弓步动作可以加强腿部力量。

（2）动作说明

自然直立，双脚左右开立，间距略比肩宽；双手垂于体侧。（图22-4）

双臂向两侧打开，重心下降，腰部发力向右旋转45° 后，继以腰部发力带动双臂向反方向斜下方转腰蹬腿，头转向同时目视侧前方。（图22-5、图22-6）

图22-4

图22-5

图22-6

还原准备姿势，反方向做相同动作。此动作左右方向为1组，总共做8组为宜，建议根据自身情况进行练习。

（3）练习要点

作为需要全身协调性的动作，注意身体重心下压，动作要舒展，动作幅度根据自身情况而定。完成动作时需保持自身平衡。

3. 盘腿

（1）健身原理

通过盘腿可以锻炼腿部灵活性及腿部力量。

（2）动作说明

自然直立，双脚左右开立，间距与肩同宽；双手下按垂于体侧。（图22-6）以髋关节为起点，大腿发力带动小腿上踢，用脚击打掌心。（图22-7）两侧交替为1组（图22-8），以8组为宜，建议根据自身情况进行练习。

图22-6

图22-7

图22-8

（3）练习要点

上踢小腿要贴近支撑腿，尽量用脚击打到掌心高度。

4. 跪腿

（1）健身原理

通过小腿后踢，可以锻炼腿部灵活性和柔软性，支撑腿屈膝支撑身体重量，可以增强腿部力量。

（2）动作说明

自然直立，双脚左右开立，间距略比肩宽；双手下按垂于体侧。（图22-9）

练习时重心下降，双手掐腰；大腿发力带动小腿向后做后踢动作，尽量用脚跟触碰自己臀部。（图22-10、图22-11）

左右交替为1组，以8组为宜，建议根据自身情况进行练习。

图22-9

图22-10

图22-11

（3）练习要点

小腿后踢要有一定的速度和力量，脚跟尽量踢到臀部。

5. 蹲踢

（1）健身原理

通过踢腿和单腿屈膝支撑，可以增强腿部力量和身体柔韧性。

（2）动作说明

自然直立，双脚左右开立，间距略比肩宽；双手垂于体侧。（图22-12）

以腰胯为轴向左旋转45° 降低重心成弓步，身体旋转后前踢腿，用左手拍打右脚尖。（图22–13、图22–14）

两侧交替为1组，以8组为宜，建议根据自身情况进行练习。

图22–12

图22–13

图22–14

（3）练习要点

前踢腿要直，脚尖一定要向上绷紧，动作流畅。

6. 涮腰

（1）健身原理

可以通过腰部旋转增强腰部力量，同时增加全身协调性。

（2）动作说明

自然直立，双脚左右开立，间距略比肩宽；双手垂于体侧。（图22–15）

俯身，以腰为轴从左到右或从右到左以腰带臂做绕环运动，运动轨迹为360° 。（图22–16、图22–17）

以8组为宜，动作幅度建议根据自身条件进行练习。

图22-15

图22-16

图22-17

（3）练习要点

做绕环运动时，前俯后仰要有一定幅度，可以根据自身能力尽量加大，让身体有一定的拉伸感。

7. 开合跳

（1）健身原理

通过身体的下蹲和展开，增强腿部力量和全身协调能力。

（2）动作说明

自然直立，双脚左右开立，间距略比肩宽；双手垂于体侧。（图22-18）

身体下蹲时双手置于身前，起身时双腿用力蹬地，同时双臂展开。（图22-19、图22-20）

以8组为宜，建议根据自身情况进行练习。

图22-18

图22-19

图22-20

（3）练习要点

下蹬与展开动作要充分，有一定力度，动作要舒展。

注

天桥摔跤、沙力搏尔式摔跤、满族二贵摔跤，2008年被列入第二批国家级非物质文化遗产代表性项目名录。朝鲜族摔跤、彝族摔跤、维吾尔族且力西（摔跤），2011年被列入第三批国家级非物质文化遗产代表性项目名录。

赖剑慧 上海体育学院武术学院教师，运动健将，健身气功国家级裁判员、社会体育指导员，央视五套《健身动起来》“健身气功八段锦”教学主讲，世界健身气功五禽戏冠军。

华佗五禽戏
完整动作视频

23 华佗五禽戏

一、健身特色

五禽戏由东汉名医华佗所创，通过模仿虎、鹿、熊、猿、鸟五种动物的标志性动作与神韵，达到强身健体的目的。居家五禽戏在保持华佗五禽戏传统特色的基础上，挑选五组动作根据居家学习和练习要求进行适当改编。其健身特色主要体现为：

①通过全身不同方位的运动，达到畅通气血的效果。

②通过动作的大开大合，外导内引，调节呼吸，提高肺功能。

③这五组动作可单独练习，也可以整套练习。练习者可根据自身需求进行动作选练，如：腰椎、颈椎不适者可选练虎扑动作；脾胃不适、消化不良者可以选练熊运动作；呼吸不畅者可以选练鸟飞动作等。单独练习时，可根据自身情况选择合适的练习次数与强度；整套练习时，一般建议连续练习2～3遍效果最佳。

二、健身动作

1. 基本动作

（1）动作说明

预备势：两脚并步站立，周身中正；两臂自然下垂，指尖朝下；唇齿轻闭，舌抵上腭；目视前方。（图23-1）

虎爪：五指充分张开，拇指第一指节弯曲，其余四指第一、二指节弯曲。（图23-2）

鹿指：五指张开，中指、无名指第一、二指节弯曲，其余三指伸直。（图23-3）

图23-1　预备势

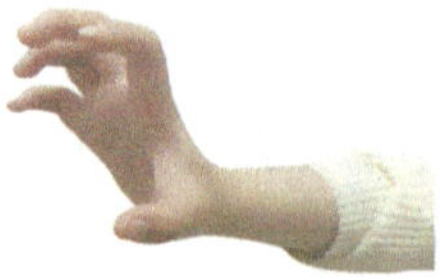

图23-2　虎爪

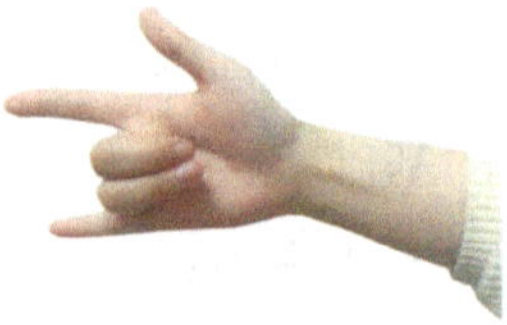

图23-3　鹿指

2. 虎戏——虎扑

（1）健身原理

通过脊柱节节涌动，调整脊柱椎间盘之间的小关节紊乱；刺激脊柱，促进全身气血循环；五指变虎爪用劲抓握，刺激末梢关节，温煦双手。

（2）动作说明

两脚开立，与肩同宽；两手变“虎爪”上举。（图23-4）

屈膝半蹲，身体前俯，随之躯干蛇形涌动，两手随躯干涌动由前向下、向上划弧上举。（图23-5～图23-9）

图23-4

图23-5　侧

图23-6　侧

图23-7　侧

图23-8　侧

图23-9

（3）练习要点

身体沿前后方向做立圆涌动；涌动时，注意体会腰、胸、颈椎节节向后顶出并节节上升的感觉；本式1次涌动为1遍，4遍为1组。身体条件允许可逐渐增加至3组，每组间歇约10秒钟。注意事项：循序渐进，避免过度牵拉脊柱。

3．鹿戏——鹿抵

（1）健身原理

通过躯干左右侧屈，拉伸两侧肌肉与韧带，起到舒筋活络的目的；左右侧屈的同时能牵拉两胁，调理胁肋部气机不畅，起到疏肝益气的作用。

（2）动作说明

两脚开立，与肩同宽；两手变“鹿角”由右向左侧摆臂；同时躯干向左侧屈；目视左方。（图23-10、图23-11）

图23-10

图23-11

躯干右屈，同时两膝微屈，右脚尖点地；两手右摆至右侧，右肘抵腰；目视右方。（图23-12）

图23-12

右脚向右侧开步，成右弓步；同时左手 “鹿角” 向右伸出，右肘抵腰。（图23-13）

右脚收回，两膝微曲；两手随身体直立分立于头部两侧。随之身体直立，两手成自然掌下落至体侧。（图23-14）

右式动作与左式相同，唯方向相反。

图23-13

图23-14

（3）练习要点

左右侧屈时充分牵拉躯干两侧，以感觉到肌肉韧带被轻轻拉开为宜；本式一左一右为1遍，2遍为1组。身体条件允许可逐渐增加至3组，每组间歇约10秒钟。

4. 熊戏——熊运

（1）健身原理

通过腹部水平运转，按摩腹腔内脏，促进胃肠消化，缓解便秘或腹泻症状。

（2）动作说明

两脚开立，与肩同宽；左脚向左前方迈步；同时两手摆至身体右侧。（图23–15）

重心先前移，再后坐；身体随重心移动向左平转一周；同时两手随身体平转在体前水平摩运。（图23–16 ~ 图23–18）

图23–15

图23–16

图23–17

图23–18

重复以上动作3次后，左脚收回，与肩同宽。（图23-19）

右式动作与左式相同，唯方向相反。

图23-19

（3）练习要点

用腰腹带动两臂水平转动；躯干保持正直；本式一左一右为1遍，2遍为1组。身体条件允许可逐渐增加至3组，每组间歇约10秒钟；后坐时注意身体不要后仰，避免摔倒。

5. 猿戏——猿摘

（1）健身原理

通过左顾右盼、锻炼手眼协调；通过手型、步型变换，刺激大脑思维活力，提高记忆力；两腿下蹲，有助于增强下肢力量，提高肌肉弹性，防治肌肉萎缩。

（2）动作说明

两脚开立，与肩同宽。左脚向左侧上步，右脚跟步点地；同时左手变勾置于左肋下，右手变勾置于头顶上方，成摘桃状。（图23-20、图23-21）

重心右移，成右丁步；同时右手变掌收回置于右肩前；目视右手。（图23-22）

图23-20

图23-21

图23-22

身体直立，左脚踩实，成开立步；同时两手变掌在胸前分开。随之屈膝下蹲；两手向下划弧捧掌于膝前。（图23-23 ~ 图23-24侧）

图23-23

图23-24

图23-24侧

身体直立；两掌捧起至胸前；随之回收下按。（图23-25 ~ 图23-27）

右式动作与左式相同，唯方向相反。

图23-25

图23-26

图23-27

（3）练习要点

勾手扣腕，以手腕感觉到微微酸胀为宜；屈膝下蹲，躯干尽量保持正直；下蹲高度以两腿微微酸胀为宜。本式一左一右为1遍，2遍为1组。身体条件允许可逐渐增加至3组，每组间歇约10秒钟。

下蹲时注意速度不要过快、重心不要过低；下蹲时身体不要后仰，避免摔倒。

6. 鸟戏——鸟飞

（1）健身原理

通过胸腔运动带动两臂开合起落，使呼吸深长；通过吸入清气，排出浊气，起到调理气机、宣肺理气的作用。

（2）动作说明

两脚开立，与肩同宽。左脚向左前方上步，右脚跟步点地；同时两手前举至胸前，掌心相对；目视前方。（图23-28）

图23-28

重心后坐，同时两手向两侧打开。随之重心前移，两手向前合拢。一开一合为1次，共做3次。（图23-29、图23-30）

图23-29

图23-30

重心后坐，左脚提膝独立；同时两手从两侧平举。随之屈膝合抱，左脚点地；两手下落合于腹前。一举一落为1次，共做3次。（图23-31、图23-32）

举、落3次后，左脚下落与肩同宽，成直立式。（图23-33）

右式动作与左式相同，唯方向相反。

图23-31

图23-32

图23-33

（3）练习要点

开合拉气时，注意以胸腔开合带动手臂开合；升降引气时，注意重心升降带动手臂升降；提膝独立时，目视前方，固定参照物，帮助保持平衡；本式一左一右为1遍，2遍为1组。身体条件允许可逐渐增加至3组，每组间歇约10秒钟；初学者或平衡能力稍弱者可适当降低练习难度，提膝动作可以替换成丁步或平行步。

注

华佗五禽戏，2011年被列入第三批国家级非物质文化遗产代表性项目名录。

李齐镇 上海体育学院武术学院本科生，国际级运动健将，全国武术套路冠军赛男子华拳冠军，世界武术锦标赛男子剑术冠军。

自选长拳
完整动作视频

24 自选长拳

一、健身特色

长拳是中国传统拳派之一，属于北派武术。现代长拳在查、华、炮、洪、弹腿、少林等拳种基础上综合整理创编而成，其健身特色主要体现为：

①提高人体柔韧性与灵活性等身体素质。长拳动作舒展，关节活动范围较大，且有对身体各部位韧带与关节的拉伸训练，可以有效提高身体柔韧性。

②提升人体心肺功能。长拳套路动作较多，动作规格要求高，且在习练过程中要求“动迅静定”，可以有效锻炼人体心肺功能。

③提升人体力量和协调能力。弓、马、虚、歇、仆五种步型变换频繁，对于提高腿部力量耐力与绝对力量有很大帮助。复杂的手脚配合动作对于锻炼身体协调性效果明显。

二、健身动作

1. 预备势

（1）健身原理

该动作着重于调整呼吸，平复身心、缓解压力，同时挺胸抬头，有助于改善驼背、腰间盘突出等疾病。

（2）动作说明

双脚并拢，双肩加紧；目视前方。（图24-1）

两拳抱于腰间，两肘向后夹紧，拳心向上；同时向左摆头。（图24-2）

图24-1

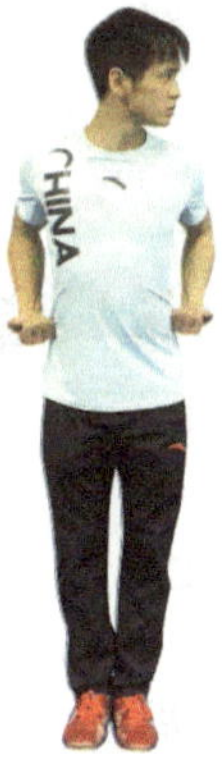

图24-2

（3）练习要点

头要正，腿要直，下颌微收，挺胸抬头，双眼目视前方。摆头向左看的同时抱拳于腰间，眼神向左聚集。

2. 马步架掌，弓步冲拳

（1）健身原理

通过两个动作中弓步、马步的转换，可使髋关节灵活性增加，髋部肌肉韧带柔韧性增强，可对髋关节形成更强的保护，使髋关节更加稳定。

（2）动作说明

步型上，由站立变马步，马步变弓步；手型上由抱拳变左手马步架掌，架掌变左弓步冲拳。（图24-3、图24-4）

动作变换中要求手脚同时到位，眼神聚焦冲拳方向。

图24-3

图24-4

（3）练习要点

十趾抓紧地面，保持稳定，膝盖与脚尖保持水平一条线，弓步后腿绷直，冲拳与肩平，目视前方。

3. 左弓步格拳，上步弹踢推掌，左弓步冲拳

（1）健身原理

同上，且随着重心高低起落，可使腿部肌肉得到锻炼，增强股四头肌、缝匠肌、小腿三头肌等大小肌群的力量及耐力，同时四肢配合练习可增强人体协调性。

（2）动作说明

在左弓步不变的基础上转换手法成格拳，拳心向上。（图24-5）

起身，右腿提膝弹腿；同时推左掌；右拳抱于腰间。（图24-6）

右腿撤步变左弓步；左手由推掌变冲拳；右手抱于腰间。（图24-7）

图24-5

图24-6

图24-7

（3）练习要点

眼随手走，推掌力达掌根，弹腿脚面绷直，与腰平或高于腰（初期可根据个人能力选择高度），弓步冲拳立身挺腰，保持稳定。

4. 起身插掌、砸拳

（1）健身原理

该动作伴随有肩部运动，肩部环绕可使肩部肌肉韧带得到加强，使肩关节活动度增加，增强肩关节稳定，有助于改善肩周炎等肩部疾病。同时重心改变使膝关节得到锻炼，肌肉及辅助韧带得到提升。

（2）动作说明

左手为始，轮臂一周，冲拳至向上插掌，且右手与左手相随，至右手向上时迅速静止，脚下步法迅速到位。（图24-8）

插掌停滞1秒后迅速并步砸拳震脚下蹲；右手在向下过程中变拳，右拳面砸于左掌心。（图24-9）

图24-8

图24-9

（3）练习要点

双手抡臂要协调一致，下落迅猛，砸拳与震脚下蹲同时进行，下蹲大腿与地面保持水平。

5. 并步亮掌，左脚虚点地、架掌

（1）健身原理

该动作为收势亮相动作，以静力姿势为主，目的在于保持姿势稳定，因此该动作主要锻炼上肢肌肉的耐力，以及保持腰腹核心稳定的能力。通过系统练习，可增强相应部位肌肉耐受力，使肌肉持续工作时间得以延长，从而起到增强体质、促进健康的良好效果。

（2）动作说明

由半蹲迅速后撤一步站立；同时双手打开，右手高左手低；眼神聚焦高位手一侧。（图24-10）

左脚向前虚点地；同时右手架掌向上；左手向外推掌；向左摆头。（图24-11）

图24-10

图24-11

（3）练习要点

亮掌要求手脚同时到位，后手略高于肩，前手略低于肩。架掌要求重心主要在右脚，左脚微点地，肩部后扩，舒展身姿。全套动作学会之后，练习时建议以2次为1组，每天练习3～5组，之后根据个人习练水平适当增加运动强度。

侯天媛 上海体育学院武术学院博士研究生。

洪洞通背拳组合完整动作视频

第1小节正面动作视频

第1小节反面动作视频

25 洪洞通背拳组合

一、健身特色

洪洞通背拳，又称通背缠拳，因其独特的技击功能和健身功效，在山西当地广为流传。其健身特色主要体现为：

①侧身缠绕，强筋骨、理脏腑。本套动作多穿插、缠绕、扭转动作，可以充分拉伸躯干与四肢关节，有利于防治肩颈部疾患，提高平衡和协调能力。

②动作简单易学，刚柔相济，灵活应用。洪洞通背拳练法有快慢之分，本套动作难度较低，节奏可控，合乎生理规律，适合全民健身。

③本套动作以传统武术“打练结合”为特色，既能单人演练，又能作为双人对打套路进行练习。

二、健身动作

1. 懒扎衣（起势）

（1）健身原理

两臂前后旋转，可以协调身体，放松大脑，减缓大脑神经紧张程度，收缩内部脏腑。

（2）动作说明

并步站立。（图25-1）

右臂经右向上托起，高与头平，掌心向上；目视右手。（图25-2）

图25-1　并步站立

图25-2　懒扎衣①

右手经上向左按至左肩前，掌心向下；同时，左手经左向上托起，与肩同高，掌心向上；目视左手。（图25-3）

左手经脸前向下、向左插于腰间；同时右手经下向右提起成勾手，勾尖向下，略高于肩；目视左侧。（图25-4）

图25-3 懒扎衣②

图25-4 懒扎衣③

（3）练习要点

两臂划弧要圆，左右手协调配合，速度均匀。

2. 高四平

（1）健身原理

本式能够活动全身，强健肠胃，贯通脾脏，提高人体免疫力。

（2）动作说明

左脚向左上半步，脚外展，身体向左转180°，右脚收于左脚内侧，成丁字步；同时，左手抬起至右肩前，手心向右；右手于左臂外侧经下、经左向上、向右划弧后推出；目视右手。（图25-5）

图25-5 高四平

（3）练习要点

划弧时右手臂要拧转，推掌与丁步同时完成，身体斜向朝前。

3. 上山伏虎

（1）健身原理

本式先扳手后翻拳，能够锻炼身体协同能力，同时有效增强下肢肌肉力量。

（2）动作说明

右脚上步成右弓步；同时左手向前、向下扳；右手变拳经下、胸前向前翻拳打出，拳心朝里；目视前方。（图25-6）

（3）练习要点

右拳翻打时要以肘关节为轴，下扳和翻打配合紧密，两手运动路线要圆，切忌直来直往。

图25-6　上山伏虎

4. 搂手

（1）健身原理

本式上下调节，既能够提高平衡能力，改善关节稳定性，同时活动肩颈，能够缓解颈部和肩周肌肉紧张。

（2）动作说明

右脚收回；同时，右拳变勾向前、向下、向后勾搂；目视右侧。（图25-7）

（3）练习要点

动作柔和，要以腰带肩、以肩带臂。

图25-7　搂手

5. 高四平

（1）健身原理

本式能够活动全身，强健肠胃，贯通脾脏，提高人体免疫力。

（2）动作说明

身体直立；右手于左臂外侧经下、经左、向上、向右划弧后推出；目视右手。（图25-8）

（3）练习要点

右手划圈动作幅度不宜过大。

图25-8　高四平

6. 刘全进瓜

（1）健身原理

本式包含扶手和捌手两种手法。身体随手臂转动，上下相随，能够提高脊柱和腰的力量，壮腰强肾，防治腰膝酸软。

（2）动作说明

身体下蹲，右脚伸出，脚尖点地，成右虚步；同时，左手走下弧线向右前扶起，手心朝上，手臂略曲。（图25-9）

右手略回收后，随之向前打出，拳心朝下；左手护于胸前；目视右手。（图25-10）

图25-9　刘全进瓜①

图25-10　刘全进瓜②

（3）练习要点

扶手动作用力柔和，路线走圆形，身体下潜要迅速。

7. 高四平

（1）健身原理

本式能够活动全身，强健肠胃，贯通脾脏，提高人体免疫力。

（2）动作说明

右脚收回，身体直立；左手抬起至于右肩前，手心向右；同时右手于左臂

外侧经下、经左向上、向右划弧后推出；目视右手。（图25-11）

图25-11　高四平

（3）练习要点

右手划圈动作幅度不宜过大。

8. 满天星（收势）

（1）健身原理

躯体自下而上的整体扭转，能够拉伸身体各部的关节和肌肉，对脏腑器官进行扭动和按摩，调节内分泌，固本培元。

（2）动作说明

右脚向左后方插步，身体右后转180° 成右弓步；同时右手经下、右划弧上架于头右侧上方，掌心向上；左手经脸前划弧下按于小腹前，掌心向下；目视左前方。（图25-12）

收左脚，并步站立；两手下落至身体两侧；目视前方。（图25-13）

图25-12　满天星

图25-13　收势

（3）练习要点

上架下按与右弓步同时完成。

三、套路习练说明

将以上健身动作进行简单套路编排，既能单人演练，又能作为双人对打套路进行练习。编排套路如下：

1. 单练套路

单练套路总共两个小节，两个小节的动作内容相同，衔接顺序不同。这两个小节可以单独习练，同时分别对应对打套路的甲乙双方演练套路。

（1）第一小节

懒扎衣（起势）—高四平—上山伏虎—搂手—高四平—刘全进瓜—高四平—满天星（收势）

（2）第二小节

懒扎衣（起势）—高四平—刘全进瓜—高四平—上山伏虎—搂手—高四平—满天星（收势）

2. 对打套路

对练套路双方甲乙分别演练第一小节和第二小节单练套路，演练时双方既要保证自己的动作质量，同时要注意与对方的配合。

预备势：并步直立
甲（第一小节）——乙（第二小节）
懒扎衣起势——懒扎衣起势
高四平——高四平
上山伏虎——刘全进瓜
搂手——刘全进瓜
高四平——高四平
刘全进瓜——上山伏虎
刘全进瓜——搂手
高四平——高四平
满天星收势——满天星收势

注

通背缠拳，2011年被列入第三批国家级非物质文化遗产代表性项目名录。

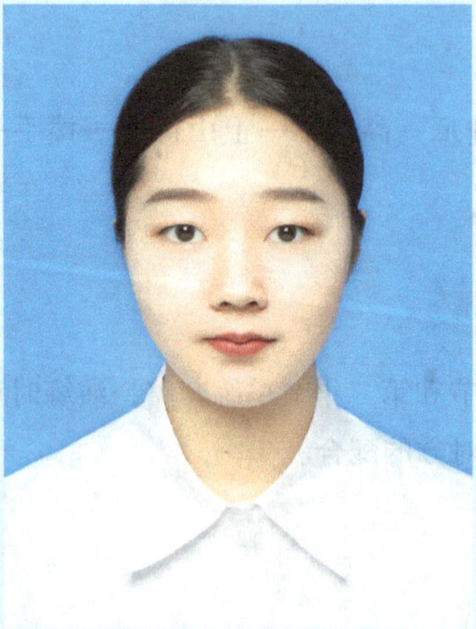

关晓涵 上海体育学院武术学院本科生。

26 武子梅花拳基本功

一、健身特色

武子梅花拳，相传为春秋末期著名军事学家孙武子创编，至今主要流传于河南、河北、陕西、山东、湖北，有文梅、武梅之分。其健身特色主要体现为：

①武子梅花拳注重内外兼修，通过呼吸吐纳方法加之本拳术套路辅助，可以加速人体血液循环及新陈代谢，提高肺活量，长期坚持训练可有效提高免疫力。

②套路要求动作训练左右对称，且上下肢协调配合，从而提高人体灵活性，协调性与平衡性等多项身体素质能力。

③套路下盘动作多以弓、马步转化为主，以提高腿部力量。腿部训练对于提高人体免疫力至关重要。

二、健身动作

1. 轻气功

（1）健身原理

轻气功通过呼吸与手部动作的配合练习，使气息逐渐平和，调节呼吸，放松身心。长期练习轻气功有助于人体血液循环，提高自身免疫能力。

（2）动作说明

立正姿势，双脚开立同肩宽；双手掌心向上托运；鼻吸气，口微闭，舌抵上颚，气灌满胸；两眼平视前方。（图26-1）

将所吸之气下咽，双手手掌翻转至手心向下按，缓慢向外呼气。（图26-2）

图26-1

图26-2

（3）练习要点

身体放松，自然站立，保持内心平静，调节呼吸，根据自身情况调节深呼吸程度。一吸一呼为一次，建议每组连续5次，练习2组。

2. 五星拳

（1）健身原理

根据武子梅花拳左右对称的特点进行练习，利于人体匀称发育；弓步与马步转换练习，增强腿部力量。

（2）动作说明

预备势：两腿屈膝下蹲成马步；左手握拳，右手紧紧包在左拳外，右手拇指压在左手拇指上，双手捧拳于腹前；目视前方。（图26-3）

冲打左上方：重心左移，左腿屈膝，右腿蹬直成左高弓步；同时，双手捧拳向左上方冲出，直臂，拳眼向上，与鼻尖同高；目视双拳。（图26-4）

图26-3

图26-4

冲打左下方：重心左移，左腿屈膝，右腿蹬直成左高弓步；同时，双手捧拳向左下方栽拳，直臂，全面向下，拳眼向前；上体前倾；目视双拳。（图26-5）

冲打正前方：上肢不动，双腿屈膝成马步；双手捧拳向前平冲，直臂，拳眼向上；目视前方。（图26-6）

图26-5

图26-6

（3）练习要点

五星拳按照左上方、右上方、左下方、右下方、正前方的顺序依次出拳，每出一拳都要复原为图26-3所示动作。图片仅展示左上方、左下方、正前方动作，右上方、右下方动作与左侧动作同理。可根据个人情况调节步型高度。建议每组5次，练习3组。

3. 仙人出洞

（1）健身原理

上肢动作舒展肩臂；上肢与腿部动作配合，锻炼身体平衡力与肢体协调能力。

（2）动作说明

歇步十字手：右脚向左腿后插步，身体微微右转，两腿屈膝微蹲；同时，两掌弧形由上向下绕环至胸前交叉成十字手，右掌在外，指尖向上；目视前方。（图26-7）

马步双劈掌：左脚向左横跨半步，两腿屈膝下蹲成马步；同时两臂向上，经额前向两侧分开，直臂向下劈掌，略比肩高，掌心向上；目视左掌。（图26-8）

图26-7

图26-8

（3）练习要点

双臂尽量向上舒展，保持身体重心于两腿之间，注意手与眼的配合。图片、视频仅展示左侧动作练习，右侧动作与左侧动作同理。左右两侧各练习5次为1组，建议练习2组。

注

邢台梅花拳，2006年被列入第一批国家级非物质文化遗产代表性项目名录；梅花拳2011年被列入第三批国家级非物质文化遗产代表性项目名录。

霍欣桐 上海体育学院武术学院本科生，亚洲青少年武术锦标赛女子长拳冠军，青少年武术套路锦标赛女子剑术冠军。

蔡李佛拳基础入门
完整动作视频

27 蔡李佛拳基础入门

一、健身特色

蔡李佛拳是广东南拳之一，运用蔡拳（蔡福）、李拳（李有山）、佛拳（陈远湖）三家拳法之所长，使蔡李佛拳更为实用。其健身特色体现为：

①腰腹配合呼吸，以意领气，以气催力，从而达到清养脏腑，通经活络的目的。

②手法丰富、简单、多变灵活。可根据自身调节出拳力度及角度，有助于练习者上肢关节力量增强，灵活度提高。

③下盘稳定，对下肢关节起到保护作用。可根据自身情况来调节步型动作高低与大小，有助于练习者下盘力量增长与稳固。

二、健身动作

1. 上势勾手

（1）健身原理

上势勾手动作提气、腹紧、上手。在提气作用下收紧腰腹达到提气提神作用，上手搭肩变换手形对肩胛骨与肱三头肌起到牵引作用。练习中可调节指尖与肩膀的距离、上势动作的快慢、练习次数的增减。

（2）动作说明

并步松劲站立，两掌心置于身体左侧，双臂外旋掌心朝上，双臂微弯抬至与肩同高同宽时，双掌变勾手状，指尖朝肩部方向发力落下。（图27–1、图27–2）

图27–1　上势勾手

图27–2　勾手细节图

（3）练习要点

并步松劲站立，根据自身柔韧程度调节指尖与肩部的距离，达到不同程度的牵引，初练动作时由快到慢，避免牵引过度拉伤手臂。

2. 开四平马

（1）健身原理

扎马有助于肢体腰腹与下盘稳固，强筋补气，调节精气神。长期扎马对膝关节起保护作用，同时增长下肢腿部力量及对股二头肌及臀大肌的激活。

（2）动作说明

并步提气站立，双手掌心朝前置于胸腔两侧，肩膀放松，腰部立直，双臂弯曲夹紧，使胸腔展开。（图27-3）

开左腿，左脚位于左肩前侧位置，右脚随即向左脚并步，再从左至右打开，双脚开立约三脚距离，脚尖朝前夹臂蹲至水平位（膝盖位置呈直角状）。（图27-4）

图27-3　夹臂

图27-4　开马

（3）练习要点

练习时腰腹收紧，沉肩夹肘，开步左右腿位置相同，下蹲至平行。初练者可调节步型高低，可从高重心加强练习至低重心，有效增强下盘力量，增强膝关节保护。

3. 双下沉桥

（1）健身原理

呼吸配合动作挤压，腰腹收紧，使腰椎部位形成张力变化，从而加强对腰椎部位的运用，使背阔肌、斜方肌肌肉力量增长，防止僵硬化。

（2）动作说明

沉桥动作，双臂微屈，手腕保持不动，双肘下沉夹紧，手心对立，腰腹收紧，手肘似刀用力割下。（图27–5、图27–6）

图27–5　双插掌

图27–6　双下沉桥

（3）练习要点

插掌时吸气，沉桥时呼气，四平稳马。初练者可调节插掌手臂，微曲避免过直，四平马高低根据自身调节，多加练习后逐步从高重心转为低重心。

4. 双扭插槌

（1）健身原理

内转拳，外旋臂使肩部内收，起到牵引后背、肩胛骨的作用，加强肩胛骨以及背部关节润滑与灵活性。

（2）动作说明

插槌手要求四指贴于手指与手掌连接处，大拇指按压于食指第二关节处。双手成插槌手，收至胸口，再从胸口位置内转拳、外旋臂冲出，拳背相对。（图27-7、图27-8）

图27-7　双扭插槌

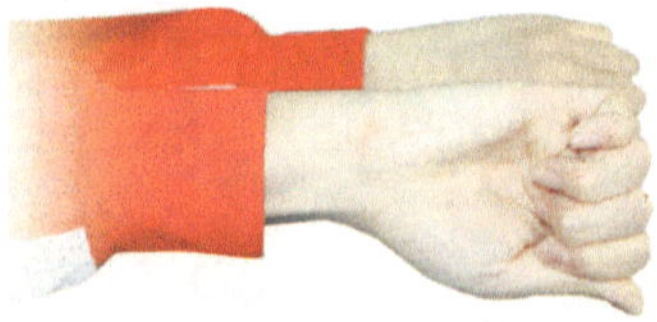

图27-8　插槌手

（3）练习要点

插槌手四指要并紧，大拇指要紧贴食指第二关节处，从胸口处冲出，冲拳力度应随练习时间、次数由轻到重，由慢到快。

注

蔡李佛拳，2008年被列入第二批国家级非物质文化遗产代表性项目名录。

图书在版编目（CIP）数据

非遗体育健身法 / 郭玉成主编. -- 北京 : 人民体育出版社, 2020（2023.9重印）
ISBN 978-7-5009-5764-5

Ⅰ. ①非… Ⅱ. ①郭… Ⅲ. ①传统体育项目—体育锻炼 Ⅳ. ①G806

中国版本图书馆CIP数据核字(2020)第031634号

*

人民体育出版社出版发行
北京建宏印刷有限公司印刷
新　华　书　店　经　销

*

710×1000　16开本　15.75印张　250千字
2020年6月第1版　2023年9月第3次印刷

*

ISBN 978-7-5009-5764-5
定价：88.00元

社址：北京市东城区体育馆路8号（天坛公园东门）
电话：67151482（发行部）　邮编：100061
传真：67151483　邮购：67118491
网址：www.psphpress.com
（购买本社图书，如遇有缺损页可与邮购部联系）